互联网＋物流供应链研究

周　慧　郭　睿　相　辉　著

中华工商联合出版社

图书在版编目(CIP)数据

互联网＋物流供应链研究 / 周慧，郭睿，相辉著. --
北京：中华工商联合出版社，2023.12
ISBN 978-7-5158-3805-2

Ⅰ．①互… Ⅱ．①周… ②郭… ③相… Ⅲ．①互联网
络－应用－物流管理－供应链管理－研究 Ⅳ.
①F252－39

中国国家版本馆 CIP 数据核字(2023)第 225717 号

互联网＋物流供应链研究

作 者	周 慧 郭 睿 相 辉
出 品 人	刘 刚
责任编辑	李红霞 孟 丹
装帧设计	程国川
责任审读	付德华
责任印制	陈德松
出版发行	中华工商联合出版社有限责任公司
印 刷	北京毅峰迅捷印刷有限公司
版 次	2024 年 3 月第 1 版
印 次	2024 年 3 月第 1 次印刷
开 本	787mm×1092mm 1/16
字 数	184 千字
印 张	13.25
书 号	ISBN 978-7-5158-3805-2
定 价	68.00 元

服务热线：010-58301130-0(前台)
销售热线：010-58302977(网点部)
　　　　　010-58302166(门店部)
　　　　　010-58302837(馆配部、新媒体部)
　　　　　010-58302813(团购部)
地址邮寄：北京市西城区西环广场 A 座
　　　　　19-20 层,100044
http://www.chgslcbs.cn
投稿热线：010-58302907(总编室)

前　言

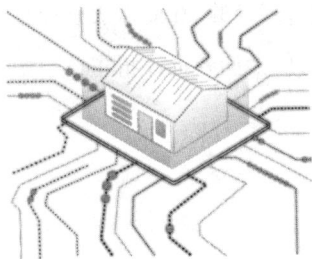

随着科学技术的不断发展，互联网＋已成为现今信息时代的热点，并广泛地应用于社会各行各业中，物流供应链更是不例外。互联网＋是互联网发展的新形态，它是推动行业经济形态发展变化的先进生产力。如今，在大数据时代背景之下，互联网极大地丰富了人们的生活，为世界创造出了无限的活力。同时，对未来的物流供应链管理的发展也带来了新的机遇与挑战。在互联网＋时代下，供应链管理者应充分利用计算机网络信息平台，积极引进各种新型管理模式，真正实现供应链多元化管理，从而全面地提升供应链管理成效。

互联网技术的发展，使得物流业迎来了新的变革和机遇。物流企业需要积极应对数字化转型的挑战，不断更新技术和管理方法，以更高效、更智能、更可持续的方式来服务客户。同时，物流企业还需要在价值链中找到自己的核心竞争力，积极探索新的服务模式和商业模式，为实现可持续发展作出积极的贡献。

本书是研究互联网＋物流供应链方向的著作，首先从应用分类、发展趋势以及影响和作用等方面对互联网＋模式进行了分析，接着探究了物流与物流管理、物流系统功能要素、互联网＋背景下的物流企业及其转型、智慧物流与大数据技术发展探究、物联网在现代物流中的发展，最后详细阐述了工艺管理与供应链管理、供应链管理背景下的信息技术应用及软件分析、供应链管理创新的发展趋势、互联网＋背景下供应链管理的可持续发展与创新研究。本书既可作为普通高等院校物流专业及相关专业的参考用书，也可作为物流理论研究者和实际工作者的阅读参考书。

在本书的撰写过程中，作者参考并汲取了物流信息技术及供应链管理方面的许多专家、学者的理论观点、著作和研究成果，借鉴了众多物流信息技术及物流管理实际工作者的实践经验，在此深表感谢！由于作者水平有限，书中难免有不当和疏漏之处，恳请广大读者批评指正。

目 录

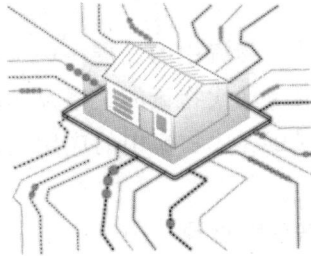

第一章

互联网＋模式的概述

第一节　互联网＋模式的应用分类

互联网＋不仅对人们的生存状态产生了巨大影响,而且让经济形态发生了翻天覆地的变化。此外,产业价值链的各个环节以及企业经营的各个层面都有可能被改变。

一、互联网＋的概念解读

互联网＋也被称为互联网与各行各业深度融合发展的新模式,是指将互联网与传统产业相结合,利用互联网技术和思维创新,推动各行各业的数字化、网络化和智能化发展。互联网＋追求以互联网技术为基础,通过创新应用模式、提升产业效率、拓宽商业边界,实现经济转型和升级。

互联网＋是创新 2.0 下的互联网发展的新业态,是知识社会创新 2.0 推动下的互联网形态演进及其催生的经济社会发展新形态。互联网＋是互联网思维的进一步实践成果,推动经济形态不断地发生演变,从而带动社会经济实体的生命力,为改革、创新、发展提供广阔的网络平台。互联网＋代表一种新的经济形态,即充分发挥互联网在生产要素配置中的优化和集成作用,将互联网的创新成果深度融合于经济社会各领域之中,提升实体经济的创新力和生产力,形成更广泛的以互联网为基础设施和实现工具的经济发展新形态。互联网＋行动计划将重点促进以云计算、物联网、大数据为代表的新一代信息技术与现代制造业、生产性服务业等的融合创新,发展壮大新兴业态,打造新的产业增长点,为大众创业、万众创新提供环境,为产业智能化提供支撑,增强新的经济发展动力,促进国民经济体制增效升级。互联网＋是对创新 2.0 时代新一代信息技术与创新 2.0 相互作用共同演化推进经济社会发展新形态的高度概括。

二、互联网＋的特征分析

(1)信息化:互联网＋将信息技术与各行各业紧密结合,实现信息的快速获取、共享和利用。通过互联网平台，可以实时获取、分析和处理海量的数据，为决策提供有力支持。

（2）网络化：互联网＋促进了企业内外部的网络化合作，通过互联网平台实现供应链、产业链和价值链的协同，提高企业运作效率和灵活性。

（3）创新性：互联网＋鼓励创新和创业，通过引入互联网技术和商业模式的创新，推动传统行业的变革和升级。新技术、新产品和新服务的发展为市场创造了更多机会。

（4）个性化：互联网＋倡导个性化服务和定制化生产，通过大数据分析和智能化技术，满足个体消费者和客户的多样化需求，提供更加精准和个性化的产品和服务。

互联网＋涵盖了多个领域，包括电子商务、物联网、云计算、大数据、人工智能等，正在改变人们的生活方式、工作方式和商业模式。在政府的支持和推动下，互联网＋已经成为中国经济发展的重要战略方向，对于推动经济转型升级和培育新的增长点具有重要的意义。

三、互联网＋模式的应用分类

（一）互联网＋金融模式的应用

互联网金融无疑会为产业链变革带来机会，而互联网新技术与庞大的用户群让更多的人参与到金融投资中，也让金融产品传播得更广，金融灵活与强大的产品设计能力又使互联网发展空间更为广阔，两者结合会衍生出"产业集群"，产生巨大的发展空间。

互联网金融产业链包括资金募集、理财、支付、网络货币、金融信息服务等多个环节。资金募集的模式包括股权众筹、P2P（Peer to Peer，互联网金融点对点借贷平台）贷款、电商小贷等，理财包括互联网公司与券商合作发行产品、与基金合作的货币基金以及银行推出的各类理财产品等，支付包括网上支付和移动支付。此外，还有一些互联网金融信息服务，主要是将互联网已经成熟的技术和思维用在金融细分领域中。互联网对金融行业的变革将持续深化，但互联网对金融三大细分领域——银行、保险和证券的改造程度却不尽相同。

①银行业。互联网主要是提供多层次融资途径,企业不再单独依赖银行贷款,通过互联网可以获得更便捷的融资渠道以及更低的融资成本,互联网银行通过 P2P、征信业务及供应链金融业务弥补了传统金融机构未能满足的小微企业贷款需求。

②保险业。互联网时代产生的大数据使保险产品的精准定价成为可能,将极大地促进保险业的精细化发展。

③证券业。一方面,互联网成为券商传统线下渠道低成本获取用户的主要通道;另一方面,通过互联网渠道挖掘年轻客户,成为券商在客户开拓业务中的重要一块。互联网带来的证券行业客户规模化扩展,在证券交易经纪业务方面对传统证券公司形成了较强替代。

1. 构造完备的征信体系

区块链技术能够有效解决风险问题,保证金融交易安全,受到互联网金融企业的普遍关注。区块链技术是一种以大数据共享理论为基础的现代互联网金融技术,依靠其去中心化、去信任化、集体维护、可靠数据库四大优势从根本上改变现代金融的征信体系,因此,区块链技术在我国将具有很好的发展机遇。随着区块链的普及和技术的不断发展,区块链将突破现有的金融领域,拓展医疗、教育、传媒、社交、公正等场景,区块链技术的应用范围会更加广泛。

2. 发行数字货币

通过区块链发行数字货币的优点有两点:一是可以降低传统纸币流通和发行的成本,提高支付结算的便捷性;二是增加各种交易的透明度,提升央行对货币流通的控制力。

3. 提高支付结算的效率

对于支付结算而言,去中心化的区块链技术可以简化支付结算的流程,只需要交易双方点对点进行交易结算即可。区块链的安全、去信任化透明等特点保障了支付结算的可靠性,提高了效率。对于跨境支付而言,各大境内外机构完全可以建立一个区块链用于跨境支付清算,降低支付清算成本,缩短支付清算时间,提供优质的服务。

（二）互联网＋供应链模式的应用

1.互联网＋供应链模式的概念

所谓供应链是指由涉及将产品或服务提供给消费者的整个活动过程的上游、中游和下游企业所构成的网络。它由围绕核心企业的供应商和用户组成,包括从原材料采购开始,历经供应商、制造商、分销商、零售商至最终消费者的整个运作过程。供应链管理指的是围绕核心企业,对供应链中的物流、信息流、资金流以及贸易伙伴关系等进行组织、计划、协调、控制和优化的一系列现代化管理。供应链发展经历了物流管理阶段、价值增值阶段以及网链阶段。

2.互联网＋供应链模式的未来发展趋势

（1）智慧化

借助大数据、云计算等新一代信息技术向智慧供应链迈进。企业要在竞争中取得优势地位,必须采用以云计算、大数据、物联网为代表的新一代先进信息计算进行供应链的优化和重组,实现供应链上各个节点的信息共享,从而提高供应链整体的竞争力。

（2）敏捷化

基于网络的集成信息系统、科学管理决策方法、高效的决策支持系统以及敏捷化是供应链和管理科学面向制造活动的必然趋势。

（3）绿色化

综合考虑环境影响和资源优化利用的制造业供应链发展使整个供应链对环境的负面影响最小,资源利用效率最高。

（4）电子化

电子商务带来了供应链管理的变革,它运用供应链管理思想,整合企业的上下游产业,以中心制造厂商为核心,将产业上游供应商、产业下游经销商（客户）、物流运输商及服务商、零售商等进行垂直一体化的整合,构成一个电子商务供应链网络,促进供应链向动态、虚拟、全球网络化的方向发展。

（三）互联网＋大数据模式的应用

在企业信息化、终端网络日益普及的今天,互联网数据正迅速增长,如何以快捷、有效的方式提取、分析大数据中所蕴含的商业价值,利用大数据技术改善传统行业的生产经营模式,推进自身与互联网的有效结合将是企业在竞争与发展中的关键因素之一。

互联网＋是一种新型经济形态,利用膨胀增长的信息资源能够推动互联网与传统行业相融合,促进各行业的全面发展。大数据服务、大数据营销、大数据金融等将共同推进互联网＋的进程,促进互联网与各行各业的融合发展,未来的互联网＋模式是去中心化,最大限度地连接各个传统行业中最具实力的合作伙伴,使之相互融合,整个生态圈的力量才是最强大的。大数据技术的实现与普及对我国互联网＋进程的推进起着至关重要的作用。O2O(Online to Offline,将线下的商务机会与互联网结合)与移动互联网的兴起,使得社会更加扁平化,产品和服务到达客户的距离在缩短。

大数据技术是实现产品优化创新、增强用户体验的重要依据与手段。运营商的移动及固网数据呈爆炸式增长,其数据结构也更加多样化。中国电信运用大数据技术整合数据资源,进行服务与产品的优化。通过网络实时业务量数据,根据网络负载情况分析模拟网络规划模型,在人流量较为集中的时间和区域优化网络的资源配置,提高网络及通话质量,为用户提供更契合的服务与产品,逐步实现向互联网＋的转型与升级。

第二节 互联网＋模式的发展趋势

一、互联网商业化 1.0 时代

互联网的商业化应用是伴随着技术的进步与使用和互联网人群的增加而逐渐扩大的,互联网的商业化应用起始于人与信息的连接,发展于人与商品的连接以及人与人之间的联系,连接是互联网商业化的基础。

互联网的商业化造就了独特的互联网商业模式,这些互联网商业模式都与人类的消费有关,包括信息消费、商品消费、服务型消费。直接为人类提供产品或服务的互联网商业模式称为互联网 1.0 时代,又称为消费互联网时代。

互联网的商业化与人类自身需求的发展也是同步的,根据马斯洛需求层次理论,人的需求是从低到高逐层升级的,物质消费需求是最基本的需求。互联网的商业化正是从人的需求出发,通过互联网帮助产品制造商或服务提供商进行销售,并由此形成了不同的模式,只不过在商品销售的过程中加入了娱乐化、金融化等元素。

二、互联网商业化 2.0 时代

互联网＋对人类社会生活方式、经济发展产生了更加深远的影响,尤其是互联网＋工业、互联网＋农业、互联网＋第三产业(服务业)已全方位影响着整个国家经济的发展。在移动互联网时代,以互联网＋为核心的产业互联网具有更为广阔的发展前景,在商业模式中,它也与消费互联网有所不同,在协作性、融合性、开放性方面更有优势。如果在消费互联网时代可以将企业简单地划分为互联网公司与传统行业的话(说明互联网与传统行业的分离状态),那么,在产业互联网时代,互联网通过更为强大的连接与聚合能力、更为先进的互联网技术(移动智能终端设备、大数据、云计算、人工智能、智能硬件等)以及更为开放的互联网思维与传统行业紧密相连,形成共赢局面。

自互联网商业化应用以来,互联网已经逐渐成为改变社会、商业最重要的技术及应用,而且越来越多地影响和改变着人们生活方式、思维方式、学习方式、工作方式、社交方式及经济发展形式。伴随着互联网发展而来的云计算及大数据应用将互联网推向一个崭新的阶段,由此形成了一个更为强大的产业互联网时代。相比于建立在 PC 上的消费互联网,基于移动终端而形成的产业互联网更为强大。产业互联网时代的到来意味着各行业,如制造业、医疗、农业、交通、运输、教育都将逐渐互联网化。产业互联网化体现在互联网的技术、商业模式、组织方法等三个方面,而移动终端、云计算、宽带网络等三项技术的不断迭代则为移动互联网提供了重要保障,为互联网＋提供了坚实的基础,互联网＋打造了一个崭新的时代——产业互联网时代。

三、从消费互联网到产业互联网

从消费互联网到产业互联网不仅是结构的改变,也是互联网与传统产业协作方式的改变。在消费互联网时代,互联网改变的是商品销售方式、商品流转效率及人们的消费方式,而在产业互联网时代,互联网已经深入产品的生产环节、研发环节,改造的是整个产业链条,这些环节涉及范围广、影响面大、配套服务众多,因此产业互联网对经济的影响也更大。产业互联网与消费互联网既有关联,又有所不同,其不同点主要体现在以下几个方面。

第一,用户主体不同。消费互联网针对个人用户(以 C 端户为主)提升消费过程中的体验,而产业互联网主要以生产者为主要用户(B 端户,即企业用户),通过对生产、交易、融资和流通等各个环节的互联网渗透,达到提升效率、节约能源等效果,这是一个从个人虚拟化到企业虚拟化的转变过程。

第二,发展动因不同。消费互联网得以迅速发展主要是由于人们在阅读、出行、娱乐等诸多方面的生活体验得到了有效改善,而产业互联网将会通过生产、资源配置和交易的提升得到发展。

四、互联网＋的未来发展趋势

关于建立在移动互联网技术基础上的互联网＋,大的逻辑是用互联网技术与思维去改造传统产业,连接一切是其主要方式,但核心是去中心化、去平台化,根据互联网＋时代的特征,未来的发展趋势可体现在以下几个方面。

(一)连接与聚合相互依存

互联网的本质是连接,其价值也在于连接,互联网商业化的进程更是表明,连接是其商业化的主要工具与载体,通过连接产生的强大聚合能力是其手段与目标。

从消费互联网到移动互联网,互联网的连接能力越来越强,时空维度在不断拓展,这种拓展促进了互联网云计算以及大数据的应用,开辟了物联网的新领地。

从商业价值角度分析,连接本身就会产生经济效益,通过连接促进融合与协作。同时,通过连接产生的大数据将成为重要的资产。

(二)产业互联网化、金融化成为大趋势

在移动互联网强大的连接能力之下,一切产业都是互联网、一切产业都是金融的时代已经来临。众多的细分行业都可以通过触网获得发展机会,在去中心化、去平台化的产业互联网时代,提供个性化服务的重度垂直模式将具有商业机会,行业垂直、地域垂直及人群垂直都可以在各自领地获得生存与发展机会。

在产业互联网中,除了强大的物流体系之外,各类交易都需要有金融服务的支持。金融服务支持包括网络支付、互联网金融服务等。

(三)个性化、定制化需求时代来临

消费互联网已经激发了用户的各项消费需求。在满足了基本的需求之后,人们的需求将逐渐向个性化方向发展,定制化则是个性化的实现手段。定制化本身需要用户参与,以用户体验为中心,为用户提供符合需求的产品,从以企业为中心的标准化生产时代到以用户为中心的产业互联网时代,互联网逐渐向尊重人性的方向发展,实现人性的回归。

(四)O2O 将成为服务互联网的主要模式

产业互联网可以对产业链的研发和生产过程进行重塑,这就催生了大量的商机。在交易过程中,产业互联网的交易模式由线下转移到了线上以及线上线下一体化,代表模式有 B2B 和 O2O。在这个过程中,壁垒较高的行业可以通过建立垂直电子商务平台聚焦于行业内部,实现市场的细分。在互联网＋或产业互联网时代,无论是服务互联网或原来建立在 PC 之上的消费互联网,还是互联网＋传统行业,一个发展趋势就是线上与线下的高度融合。

(五)开放、协作、共赢、参与、互动成为主要价值相

在互联网＋时代需要更多的开放、融合与协作。产业互联网时代是通过开放、协作使利益的相关者获得各自的利益安排。在产业互联网时代,无论是互联网还是传统行业,只有融合才能产生巨大的价值,而融合需要开放、协作,取得共赢是开放与协作的前提。在开放、协作与共赢的价值观下,去中心化、去民主化、自组织、去平台化的产业互联网生态将会

成为主流。

产业互联网的主导是价值经济,以为用户创造价值为己任。在价值经济时代,个性化需求及定制化服务将成为主要的生产方式,参与和互动则是实现这一方式的手段。在个性化与定制化的产业互联网时代,社群经济将成为主要的自组织形态,不同的社群将构成生产者、消费者之间的互动、参与场景。

第三节　互联网＋模式的影响及作用

一、互联网＋模式的影响

(一)互联网使人们的生活方式出现了崭新的形式

互联网是人类社会有史以来第一个全球性论坛组织形式,世界各地数以亿计的人们可以利用互联网进行信息交流和资源共享。电脑网络切入人们的私人生活和公共生活领域,使人们的生活方式出现了崭新的形式,包括购物方式、阅读方式、学习方式、工作方式等。

(二)社会结构依据兴趣组合,沟通更加平等

互联网促进了社会利益结构多元化发展,改变了原有的社会分层结构,使社会群体的关系更加复杂。传统社会结构中各社会要素垂直的结构形态发生了变化,网络社会结构不是以传统意义上的社会结构形态进行分层,而是重新依据兴趣、爱好等进行重组的由互联网连接起来的社会结构。

(三)互联网重构价值观念和行为模式

互联网作为一个信息流动的平台,逐渐形成了它固有的文化属性。互联网作为人们长期沉浸其中的虚拟社会,形成独有的网络伦理文化特征,具有虚拟性、匿名性、快捷性、开放性的特点。互联网提供的资源在空间上重塑了人们的活动场所,在很大程度上改变了人们的生活方式和行为模式。

二、互联网＋模式的作用

国家大数据发展战略模式应当推进互联网＋模式，且应给予互联网＋模式更大的重视力度，积极实现数据的互联互通互享，更好地打造政府数据来源的新兴之轨，为国家决策提供重要支撑，具体可以分为以下几个方面。

第一，互联网＋有助于迅速扩大国家可用的数据源，更大程度上发挥数据聚合价值。目前国家大数据的数据源主要包括行政记录数据、商业记录数据、互联网与传感器数据三大类。除了部分行政记录数据以及部分基于互联网＋模式的电子商务交易数据、社交网数据、媒体数据可以无技术障碍地获取以外，其余数据均需通过互联网＋模式导入到互联网，才能成为政府可用的大数据源。

第二，着重支持互联网＋模式有利于数据溯源，辅助甄别数据类型，保护用户数据所有权。国家大数据的来源主要包括两个方面：一是普查、户籍、社保、医保、电信、金融等传统结构化数据以及在此基础上延伸、扩展后形成的海量非结构化数据；二是基于互联网、传感器、GPS 等现代信息技术产生的新数据，如微博、微信、博客、论坛等社交媒体产生的数据。由于数据来源类型多样，所以有必要利用数据溯源技术记录数据的来源、所有权及其传播、变化过程，据此可以方便地验算结果的正确性，或者以极小的代价进行数据更新，并为数据挖掘与应用提供辅助支持。互联网＋模式从线下到线上的典型特征可以很好地满足数据溯源的需求，通过数据来源可以对不同类型的数据进行有针对性地清洗和校正，提升数据挖掘与建模时的科学性，并使得数据的所有权得到维护。这还会进一步促进数据的开放与共享，形成良性循环。

第三，互联网＋模式有助于从多种角度评估政府数据质量，同时还可以强化社会对政府工作的监督，及时把握社会舆情。对政府数据质量科学评估，既关系到国家宏观调控的有效性，也关系到各类市场经济主体的切身利益，更对政府部门的公信力具有重要影响。目前，对政府数据质量评估的方法主要包括逻辑检验、计量经济模型分析、核算数据重估、统计分布检验、调查误差评估等方法。其共同特点主要是侧重于统计方法的研究,缺乏从大数据源角度的研究。互联网＋模式鼓励更多的数据生产主体,包括研究机构、企业、个人等主体,从多种角度公开数据源,为研究政府数据质量问题提供更多样化、更详细的数据。如果基于"互联网＋"模式的数据源进一步增大,则更有裨益。

第二章

物流与物流管理

第一节 物流概念的产生与发展

物流科学自产生以来已显示出它的强大生命力,成为当代最活跃、最有影响的新学科之一。物流科学是以物的动态流转过程为主要研究对象,揭示了物流活动(运输、储存、包装、装卸搬运、配送、流通加工、物流信息等)之间存在相互关联、相互制约的内在联系,认定这些物流活动都是物流系统的组成部分,是物流系统的子系统。它界定了物流系统的边界,使其在经济活动中从潜隐状态显现出来,成为独立的研究领域和学科范围。物流科学把管理工程与技术工程相结合,实现了物流的时间效益和空间效益。物流科学的产生和应用给国民经济和企业的生产经营带来难以估量的经济效益,因此,引起了人们的重视并给予高度评价,从而得到了迅速的发展和普及。

一、商物分离

人们对物流的最早认识是从流通领域开始的。社会分工使社会发展到生产与消费相分离的商品经济,产生了连接生产与消费的流通功能,从而使社会经济活动由生产领域、消费领域和联结两者的流通领域组成。在生产和消费之间存在着社会间隔(生产者和消费者不同)、场所间隔(生产地和消费地不同)、时间间隔(生产时间和消费时间不同),是流通将生产和消费之间的这些间隔联系起来,以保证经济活动顺畅进行。

(一)生产领域

将生产资料进行物理变化或化学变化,制成各种产品满足社会消费需求的经济活动领域,生产的结果为有形产品。在经济不发达的社会,生产产品基本上在原地消费,但在今天,某地所生产的各种产品几乎被全国,甚至全世界消费。

(二)消费领域

消耗产品或商品的使用价值,满足社会的某种需求,消费的结果为废弃物。随着消费领域与生产领域的间隔逐渐变大,联结两者的流通领域的作用逐渐突出。

(三)流通领域

流通领域是指将生产和消费联结起来的领域,流通的结果是产品或商品的所有权转移和产品或商品在时间空间上的转移。

通过经济手段取得产品的所有权指的就是产品或商品的所有权转移,如人们在购买某种商品时,交款取得发票后,即获此商品的所有权,产品或商品的所有权转移称为商流,其表现形式为代表所有权的凭证在时间和空间上的转移。商流的特征是所有权凭证交易。

产品的所有权转移完成之后,紧接着的是产品本身在时间和空间上的转移,以克服生产和消费领域的"间隔",达到产品实现其价值的最终目的。产品或商品在时间空间上的流动全过程简称物流,其表现形式是物品本身在时间和空间上的转移。物流的特征是物品运动和停滞。例如,在生产钢铁时,把铁矿石从矿山运到钢铁厂所克服的"间隔"主要是距离,在物流中称为运输;农民生产的粮食当年不会全部消费,其大部分要储藏起来以备来年消费,这时所克服的"间隔"主要是时间,在物流中称为仓储。

在物流概念产生以前,产品本身流动和停滞的全过程是由各个不同的运作独立完成,这些不同的运作称为物流环节。物流环节包括运输、仓储、保管、搬运、配送及对产品的简单包装等,各个不同的物流环节由不同的企业完成,从事上述各个环节的企业有着不同的名称,如从事运输环节的称为运输公司,又细分为海运公司、空运公司及铁路、公路等运输公司。

社会进步致使流通从生产中分化出来,然而其并没有结束分化及分工的深入和继续,现代化大生产的分工和专业化是向一切经济领域中延伸的。分工的升级和细化促使流通领域中的主要职能商流和物流进一步分离。

20世纪40年代之后,流通过程的这两种形式出现了更加明显的分离,从不同形式逐渐转变成了两个有一定独立运动能力的不同运动过程,这就是所称的"商物分离",即流通中两个组成部分商业流通和实物流通各自按照自己的规律和渠道独立运动。社会化的独立形态物流,进一步系统化,使专业的物流职能向专业的物流经营方向发展,形成物流行业。再进一步,物流行业也由初期的承运向货代方向发展,乃至发展到今天高水平的第三方物流、第四方物流和供应链。时至今日,这些独立的企业和物流行业,已经可以构筑成一个完整的物流业。

商物分离是物流科学赖以存在的先决条件,物流科学正是在商物分离基础上才得以对物流进行独立的考察,进而形成一门科学。

二、物流的基本概念

《物流术语》将物流定义为以下内容:即物品从供应地向接收地的实体流动过程。根据实际需要,将运输、储存、采购、装卸搬运、包装、流通加工、配送、信息处理等基本功能进行有机结合。

(一)"物"的概念

物流中的"物"指一切可以进行物理性位置移动的物资资料和物流服务,物资资料包括物资、物料和货物,物流服务包括货物代理和物流网络服务。

(二)"流"的概念

物流中的"流"是物的实体位移,包括短距离的搬运、长距离的运输和全球物流。

(三)物流的经济价值

物流主要创造时间价值和场所价值,有时也创造流通加工的附加价值。

1. 时间价值

"物"从供应者到需求者之间有一段时间差,通过改变这一时间差所创造的价值是时间价值。通过物流活动获取时间价值的方式有三种。

(1)缩短时间创造价值

从全社会物流的总体来看,加快物流速度,缩短物流时间,可起到减少物流损失、降低物流消耗、增加物的周转、节约资金等积极作用,这是物流必须遵循的一条经济规律。

(2)弥补时间差创造价值

经济社会中,供给与需求之间普遍存在时间差,物流以科学、系统的方法弥补和改变这种时间差,以实现其时间价值。

(3)延长时间差创造价值

在某些具体的物流活动中,存在着人为地、能动地延长物流时间创造价值的现象,如常说的陈年美酒就是通过延长物流时间差而提高酒的价值。

2.场所价值

"物"从供应者到需求者之间有一段空间差,改变这一场所的差别而创造的价值称为"场所价值"。物流创造的场所价值是由现代社会产业结构、社会分工决定的,主要原因是供给和需求之间存在空间差。商品在不同地理位置上有不同的价值,通过物流将商品由低价值区转到高价值区,便可获得价值差,即场所价值。场所价值有以下三种形式。

(1)从集中生产场所流入分散需求场所创造价值。产品通过物流活动实现从集中生产场所流入分散需求场所,从而实现价值的提高。

(2)从分散生产场所流入集中需求场所创造价值,产品通过物流活动实现从分散生产场所流入集中需求场所,也会创造价值。例如,飞机、汽车等的零配件来自世界各地,在集中地组装后实现其使用价值,创造了价值。

(3)从低价值地生产流入高价值地需求创造场所价值。

3.流通加工附加价值

有时,物流也可以创造流通加工附加价值。加工是生产领域常用的手段,并不是物流的本来职能。但是,现代物流的一个重要特点就是根据自己的优势从事一定的补充性加工活动,也称为流通加工活动。这种加工活动不是创造商品的主要实体、形成商品的主要功能和使用价值,而是带有完善、补充、增加的性质,这种活动必然会形成劳动对象的流通加工附加价值。

（四）物流活动的开发

物流活动的开发被称为"第三方利润源泉"，物流领域的潜力逐渐被人重视。当今大多数产品的制造成本已不足总成本的 10％，产品的加工时间只占总时间的 5％，储存、搬运、运输、销售、包装等物流作业占了95％的时间。继降低物资消耗、提高劳动生产率之后，物流成为使企业获得利润的"第三方利润源泉"。通过物流的合理化降低物流成本，已经成为企业提高竞争力的重要手段。

三、现代物流发展呈现的特点

随着物流的发展，传统物流开始向现代物流转变。现代物流包括运输合理化、仓储自动化、包装标准化、装卸机械化、加工配送一体化、信息管理网络化等，主要是利用现代信息化技术和网络手段，通过在计算机网络上的自动采集、处理、储存、传输和交换，实现物流信息资源的充分开发和普遍共享，以降低物流成本、提高物流效益。现代物流采用的信息技术主要是条码技术（Bar Code）、电子数据交换（Electronic Data Interchange，EDI）、全球卫星定位跟踪系统（Global Positioning System，GPS）及智能交通管理系统（Intelligent Traffic System，ITS）。现代物流的主要特点表现在以下几个方面。

（一）反应快速化

物流服务提供者对上游、下游的物流、配送需求的反应速度越来越快，前置时间越来越短，配送间隔越来越短，物流配送速度越来越快，商品周转次数越来越多。

（二）功能集成化

现代物流侧重于将物流与供应链的其他环节进行集成，包括物流渠道与商流渠道的集成、物流渠道之间的集成、物流功能的集成、物流环节与制造环节的集成等。

（三）作业规范化

现代物流强调功能、作业流程、作业、动作的标准化与程式化，使复杂的作业变成简单的易于推广与考核的动作。物流规范化可方便物流信息的实时采集与追踪,提高整个物流系统的管理和监控水平。

(四)目标系统化

现代物流从系统的角度统筹规划一个企业的各种物流活动,处理好物流活动与商流活动及企业目标之间、物流活动与物流活动之间的关系,不求单个活动的最优化,但求整体活动的最优化。

(五)手段现代化

现代物流使用先进的技术、设备与管理手段为销售提供服务,生产、流通、销售规模越大、范围越广,物流技术、设备及管理越现代化。计算机技术、通信技术、机电一体化技术、语音识别技术等得到普遍应用。

(六)服务系列化

现代物流强调物流服务功能的恰当定位与完善、系列化。除了传统的储存、运输、包装、流通加工等服务外,现代物流服务在外延上向上扩展至市场调查与预测、采购及订单处理,向下延伸至配送、物流咨询、物流方案的选择与规划、库存控制策略建议、货款回收与结算、教育培训等增值服务;在内涵上则提高了以上服务对决策的支持作用。

(七)组织网络化

为了保证对产品促销提供快速、全方位的物流支持,现代物流需要有完善、健全的物流网络体系,网络上点与点之间的物流活动保持系统性、一致性,这样可以保证整个物流网络有最优的库存总水平及库存分布,运输与配送快速、机动,既能铺开又能收拢。

第二节 物流的主要分类和作用

一、物流的主要分类

(一)按照物流在社会再生产中的作用分类

1.宏观物流

宏观物流指社会再生产总体的物流活动,是从社会再生产总体角度认识和研究的物流活动。这种物流活动的参与者是构成社会总体的大产业、大领域。宏观物流的主要研究内容是物流的总体构成、物流与社会之间的关系及在社会中的地位、物流与经济发展的关系、社会物流系统和国际物流系统的建立与运作等。

2.微观物流

在一个小地域空间范围内发生的具体物流活动属于微观物流,在整个物流活动中,其中一个局部、一个环节的具体物流活动属于微观物流。微观物流的特点是具体性和局部性,更贴近具体企业。

宏观物流和微观物流的联系表现在宏观物流为微观物流的计划管理提供基础和环境,微观物流的管理对宏观物流的发展形成需求。

(二)按照物流活动的空间范围分类

1.国际物流

国际物流是伴随着国际经济交往、贸易活动和其他国际交流所发生的物流活动。由于近年来国际贸易的急剧扩大,国际分工日益明显,世界经济逐步走向一体化,国际物流正成为现代物流的研究重点之一。

2.区域物流

相对于国际物流而言,一个国家范围内的物流、一个城市间的物流、一个经济区域内的物流处于同一法律、规章、制度之下,受相同文化和社会因素的影响,处于基本相同的科技水平和装备水平之中,因而都有其独特的区域特点。区域物流研究的重点是城市物流,城市经济区域的发展有赖于物流系统的建立和运行。

(三)按照物流系统的性质分类

1.社会物流

社会物流指超越企业物流,即以社会为范畴的物流活动,这种社会性质很强的物流是由专门的物流服务供应商承担的。社会物流的研究对象包括:社会再生产过程中随之发生的物流活动,国民经济中的物流活动,如何形成服务于社会、面向社会又在社会环境中运行的物流,以及社会中物流体系的结构和运行规律,因此具有综合性和广泛性。

2.行业物流

行业物流指同一行业中物流企业的物流活动。同行业中的企业是市场竞争的对手,但在物流领域中常常相互协作,共同促进行业物流系统的合理化。

3.企业物流

企业物流指在企业经营范围内由生产或服务活动所形成的物流系统,运用生产要素,为各类客户从事各种后勤保障活动(即流通和服务活动),依法自主经营、自负盈亏、自我发展,并具有独立法人资格的经济实体。例如,一个制造企业要购进原材料,经过若干道工序的加工、装配,形成产品销售出去;一个物流企业要按照客户要求将货物输送到指定地点。

(四)按照物流过程分类

1.供应物流

供应物流指为生产企业提供原材料、零部件或其他物品时,物品在供应者与需求者之间的实体流动,即从物资生产者、持有者至使用者之间的物流。对于生产领域而言,它指生产活动所需要的原材料、备品备件等物资的采购、供应活动产生的物流;对于流动领域而言,它指交易活动中从买方角度出发的交易行为中发生的物流。供应物流不仅要实现保证供应,而且要在低成本、少消耗、高可靠性的限制条件下组织其活动。为保证良好的供应物流,必须有效地解决供应网格问题、供应方式问题、零库存问题等。供应物流的严格管理及合理化对于企业的成本有着重要影响。

2.生产物流

生产物流指生产过程中,原材料、在制品、半成品、产成品等在企业内部的实体流动。生产物流是制造产品的工厂企业所特有的,它和生产流程同步;原材料、半成品等按照工艺流程在各个加工点之间不停顿地移动、流转形成了生产物流。生产物流合理化对工厂的生产秩序、生产成本有很大的影响。生产物流均衡稳定,可以保证在制品的顺畅流转,缩短生产周期。在制品库存的压缩、设备负荷的均衡化,也都与生产物流的管理和控制有关。

3.销售物流

销售物流指生产企业、流通企业出售商品时,物品在供应方和需求方之间的实体流动。对于生产领域而言,销售物流指售出产品;而对于流通领域而言销售物流指在交易活动中,从卖方角度出发的交易行为中的物流。通过销售物流,企业得以回收资金,进行再生产的活动。销售物流的效果关系到企业的存在价值是否被社会承认,销售物流活动的成本在商品的最终价值中占有一定的比例,因此,为了增强企业的竞争力,必须重视销售物流的合理化。

4. 回收物流

回收物流指不合格物品的返修、退货以及周转使用的包装容器从需求方返回蓟供应方所形成的物品实体流动。企业在生产、供应、销售的活动中总会产生各种边角余料和废料,这些东西的回收通常伴随着物流活动。

5. 废弃物物流

废弃物物流指将经济活动中失去原有使用价值的物品,根据实际需要进行搜集、分类、加工、包装、搬运、储存等,并分送到专门处理场所时所形成的物品实体流动。

二、物流的贡献和作用

(一)物流在国民经济中的贡献

物流业是重要的服务业,融合了运输业、仓储业、货代业和信息业等,是国民经济的重要组成部分。物流产业涉及的领域非常宽泛,吸纳了大量就业人口,在国民经济中起到促进生产和拉动消费的重要作用,在促进产业结构调整、转变经济发展方式和增强国民经济竞争力等方面也发挥了重要作用,其发展水平成为衡量一个国家现代化程度和综合国力的重要标志之一。

1. 物流产业对国民生产总值的贡献

物流在国民经济中的价值可以体现在物流产业对国民生产总值的贡献上。物流产业对国民生产总值的贡献程度可通过物流产业创造的产值占国民生产总值的比例来衡量。从国外物流产业实现的产值来看,这一比例越大,该产业的贡献就越大。一个国家或地区物流产业的产值占国民生产总值比重的高低与该国的商品与服务的市场化程度以及中间需求率有关。商品与服务的市场化程度越高,中间需求率越高,物流产业对国民生产总值的贡献率越大。

2.物流产业对调节和平衡市场供需方面的贡献

在市场经济条件下,商品流通成为国民经济健康运行的调节器,物流产业促使经济运行和商品流通的调节与平衡更加合理化,它不仅对生产及国民经济的运行具有调节作用,而且还加速了商品流通领域中相关产业如金融业、交通运输业、商品零售和批发业等行业的增长方式的转变,同时也是国家赖以进行经济调控的重要领域。物流产业的社会职能正在悄然改变着生产、流通、消费领域的发展格局,市场供需正由粗放型发展模式向集约型发展模式转变。国民经济运行过程中政府的宏观调控,一方面通过财政、税收和货币等政策手段对市场供求进行总量控制;另一方面以流通部门为载体对流通领域的市场物价水平进行调控。物流产业在加速商品流通、降低商品流通费用、减少流通环节、调节市场供求等方面有着显著效果。

3.物流产业对市场发育和完善的贡献

物流产业的市场贡献表现在推动市场范围扩张、促进市场体系发展和完善等方面。物流产业的发展,尤其是物流活动中出现的技术创新、各环节职能的整合(仓储、保管、流通加工、装卸、包装、运输及信息服务等)、组织形式与运作方式的创新(社会化与产业化物流组织的产生),大大地降低了商品交易费用。物流产业的触角延伸至国民经济发展的各个产业部门,不仅提高了国民经济发展的总体效益和效率,促使商品交换的市场逐步扩大,同时也促进了国民经济各产业部门间产业链和价值链的建立及进一步的加固。物流活动表现出的这种强劲的增长势头,有效地满足了经济发展过程中生产领域、流通领域及消费领域迅速增长的物流服务需求。更为重要的是,物流产业的扩张导致交换与贸易活动的地域范围越来越广,规模日趋扩大,加速了地区之间、企业之间在更为广阔的区域中进行分工与协作,同时也促进了全球统一市场的形成和世界经济全球化的进程。

4. 物流产业对满足社会消费需求的贡献

为满足社会的整体需求,一方面,生产部门按照消费需求进行生产,以流通领域的引导和消费需求信息的反馈组织生产;另一方面,将生产转变为社会的实际消费必须通过生产资料和生活资料的顺利流通实现。传统的商品流通中,商流、物流、信息流及资金流四位一体,由批发或零售商组织独立完成。随着现代物流产业的诞生,商流和物流的职能分离、提高了流通领域的运作效率,突出了专业化的物流地位和职能,同时借助于现代科技,加速了信息流和资金流的流转速度。不仅如此,物流活动还可以作为生产领域和流通领域中的企业组织开展市场营销活动的有效工具与手段,对消费结构、消费方式及消费倾向产生积极影响,可不断满足社会对商品品种范围、商品购销便利等方面的需求,并进一步引导需求、改变需求理念甚至创造需求。

(二)物流的作用

在商品流通中,物流是商品交换过程中要解决的物质变换过程的具体体现。物流能力的大小,包括运输、包装、装卸、储存、配送等能力的大小,直接决定着商品流通的规模和速度。商品流通状况直接影响着市场的商品供应状况,并且直接制约着人民群众消费需求的满足程度,商品流通的效率和成本还决定了一个企业的市场竞争能力和国家的商品竞争能力。在当前市场经济条件下,用于物流的费用支出已越来越大,越来越成为决定生产成本和流通成本高低的主要因素。

1. 有利于促进生产力的发展

物流直接制约着生产力要素能否合理流动,直接制约着资源的利用程度和利用水平,影响着资源的配置。物流服务需求集中于家电、日用化工、烟草、医药、汽车、连锁零售等行业,是这些产业取得高速发展的保障因素之一。

2. 有利于优化生产力布局和资源配置,促进经济结构调整

物流业是国民经济各个产业门类中的重要组成,与经济总体发展息息相关。中国经济的增长离不开物流规模持续增长的经济条件。随着工

业化推进带动的产业结构升级,物流外包的规模越来越大,随着中国工业化从中期向中后期推进,大宗能源、原材料和主要商品的大规模运输方式在逐步朝小批量、多频次、灵活多变的物流需求转变,物流产业的外在需求也在不断变化。从微观上来看,发展现代综合物流,还可以使千千万万家企业节省在物流上的人力、运力、财力等巨大投入,使物流向专业化、规模化方向配置。

3.有利于改善投资环境

扩大开放是我国的基本国策。顺应世界经济一体化的趋势,与国际经济接轨,开放国内市场,大力改善投资环境,吸引国外资本,是扩大开放的重要举措。

4.现代综合物流是提高企业经济效益的主要途径

现代综合物流通过集中采购、集中运输、集中储存、集中管理等专业化、规模化服务,可以有效地降低采购成本,极大地提高人员和车辆、仓库等物流设备与设施的利用率,从而减少企业物流支出,提高经济效益。

第三节　物流管理的主要内容和特点

一、物流管理的基本概念

物流管理是为了以最低的物流成本达到客户所满意的服务水平,对物流活动进行的计划、组织、协调与控制。换句话说,物流管理是对原材料、半成品和成品等物资资料在企业内外流动的全过程所进行的计划、实施、控制等活动。这个全过程指物资资料经过包装、装卸、搬运、运输、储存、流通加工、物流信息等物流运动的全部过程。

从宏观上来讲,物流管理指在社会再生产过程中,根据物资资料实体流动的规律、应用管理的基本原理和科学方法,对物流活动进行计划、组织、指挥、协调、控制和监督,使各项物流活动实现最佳的协调与配合,以降低物流成本,提高物流效率和经济效益,现代物流管理建立在系统论、信息论和控制论的基础上。

从企业经营的角度讲,物流管理是以企业的物流活动为研究对象,以最低的成本向客户提供令其满意的物流服务,对物流活动进行的计划、组织、协调和控制。

二、物流管理的主要目标和内容

(一)物流管理的主要目标

1.服务目标

物流系统是"桥梁、纽带"作用的流通系统的一部分,它连接着生产与再生产、生产与消费,因此要求有很强的服务性,物流系统采取送货、配送等形式,就是其服务性的体现。在技术方面,近年来出现的准时供货方式、柔性供货方式等,也是其服务性的表现。

2.快捷目标

快捷不但是服务性的延伸,也是流通对物流提出的要求。快速、及时既是一个传统目标,更是一个现代目标。随着社会大生产的发展,这一要求更加强烈,在物流领域采取的诸如直达物流、联合一贯运输等管理和技术就是这一目标的体现。

3.节约目标

节约是经济领域的重要规律。在物流领域中,由于流通过程消耗大而又基本上不增加或提高商品使用价值,所以,通过节约降低投入,是提高相对产出的重要手段。

4.规模优化目标

以物流规模作为物流系统的目标,即追求"规模效益"。生产领域的规模生产早已为社会所承认。由于物流系统比生产系统的稳定性差,因而难以形成标准的规模化格式。在物流领域,以分散或集中等不同方式建立物流系统,研究物流集约化的程度,就是规模优化这一目标的体现。

5.安全性目标

物流系统的各环节都应坚持"安全第一,预防为主"的方针,以确保货运事故给企业和客户带来利益。

(二)物流管理的主要内容

1.物流基本活动管理

(1)运输管理

运输管理指产品从生产者到中间商再到消费者的运送过程的管理，包括运输方式选择、时间与路线的确定及费用的节约，其实质是对铁路、公路、水运、空运、管道等几种运输方式的运行、发展和变化进行有目的、有意识的控制与协调，实现运输目标的过程。

(2)仓储管理

仓储管理指对仓储货物的收发、结存等活动的有效控制，其目的是保证仓储货物的完好无损，确保企业生产经营活动的正常进行，并在此基础上对各类货物的活动状况进行分类记录，以明确的图表方式表达仓储货物在数量、质量方面的状况，以及目前所在的地理位置、部门、订单归属和仓储分散程度等情况的综合管理。

(3)装卸搬运管理

装卸搬运管理指对在同一地域范围内进行的，以改变物品的存放状态和空间位置为主要内容和目的的活动管理，装卸是改变"物"的存放、支撑状态的活动，主要指物体上下方向的移动；而搬运是改变"物"的空间位置的活动，主要指物体横向或斜向的移动。

(4)包装管理

包装管理指对产品的包装进行计划、组织、指挥、监督和协调的工作。包装管理必须根据企业的具体情况，用最经济的方法保证产品的包装质量，降低包装成本，促进产品销售。

(5)流通加工管理

从本质上讲，流通加工管理同生产领域的生产管理一样，是在流通领域中的生产加工作业管理。两者之间不同的是，流通加工管理既要重视生产的一面，更要着眼于销售的一面，后者是其加工的主要目的。

(6)配送管理

配送指在经济合理区域范围内，根据客户要求，对物品进行拣选、加工、包装、分割、组配等作业,并按时送达指定地点的物流活动。配送管理是物流中一种特殊的、综合的活动形式,是商流与物流的紧密结合,既包含了商流活动和物流活动,也包含了物流中的若干功能要素。

(7)物流信息管理

物流信息管理指运用计划、组织、指挥、协调、控制等基本职能对物流信息搜集、检索、研究,报道、交流和提供服务的过程,并有效地运用人力、物力和财力等基本要素以期达到物流管理的总体目标的活动。

2.物流基本职能管理

(1)物流战略管理

物流战略管理指通过物流战略设计、战略实施、战略评价与控制等环节,调节物流资源、组织结构等最终实现物流系统宗旨和战略目标的一系列动态过程的总和。

(2)物流计划管理

物流计划管理就是物流计划的编制、执行、调整、考核的过程,它是用物流计划组织、指导和调节物流企业的一系列经营管理活动的总称。

(3)物流组织管理

物流组织指专门从事物流经营和管理活动的组织机构。物流组织管理包括物流组织的构建、物流组织形式的选择、物流组织结构的设计等,可有效保证组织的效率。

(4)物流运作监控

物流运作监控是物流管理者根据物流实际运作情况与预期目标之间的差异,通过信息反馈进行实时调整。物流运作监控的对象包括客户服务、运作质量和运作成本,在物流运作监控中,可以根据客户需求和企业经营需要设计、选择可测量的有关指标进行统计、分析,并借助综合物流信息网络进行实时监控,为决策和运营提供依据。

3.物流基本要素管理

(1)物流人力资源管理

物流人力资源管理指在管理学"人本思想"的指导下,通过招聘、甄选、培训等管理形式对物流企业人力资源进行有效的运用,满足企业当前及未来发展的需要,保证企业目标实现的一系列活动的总称。

（2）物流技术管理

物流技术管理指对物流活动中的技术问题进行科学有效的管理,物流技术在发展过程中形成了物流硬技术和物流软技术这两个既相互关联又相互区别的技术领域。

（3）物流设施管理

物流设施管理指随着科学技术的进步,对物流设施的规划、新建、改建、扩建、维修和运用,以及对各类物流设施的协调、配套管理,以提高物流设施利用率的一系列管理活动的总称。

（4）物流成本管理

物流成本管理是对物流相关费用进行的计划、协调与控制。物流成本管理是通过成本去管理物流,即管理的对象是物流而不是成本物流成本管理可以说是以成本为手段的物流管理方法。

三、物流管理的主要特点

从物流的定义可以看到,物流是实现从原材料市场到消费市场价值增值的重要环节。正是在增值市场的驱动下,物流才变得越来越紧凑、稳定和高效。物流管理的主要特点表现在以下几个方面。

（一）以实现客户满意为第一目标

现代物流是基于企业经营战略,从客户服务目标的设定开始,进而追求客户服务的差别化。其通过物流中心、信息系统、作业系统和组织构成等综合运作,提供客户期望的服务,在追求客户满意度最大化的同时,寻求自身的不断发展。

（二）以信息为中心

信息技术的发展带来了物流管理的变革,无论是条码、电子数据交换（Electronic Data Interchange,EDI）等物流信息技术的运用,还是快速反应（Quick Response,QR）、有效客户反应（Efficient Customer Response,ECR）等供应链物流管理方法的实践,都建立在信息基础上,信息已经成为现代物流管理的中心。

（三）重效率,更重效果

现代物流不仅重视效率方面的因素,更强调整个物流过程的效果,即若从成果角度看,有的活动虽然使成本上升,但它有利于整个企业战略目标的实现,因此这种活动仍然具有可取性。

第三章

物流系统功能要素

第一节　运输与仓储

一、运输的概述

(一)运输的概念及在物流中的作用

1.运输的概念

运输是指劳动者通过使用运输工具和设备,实现人与货物在空间、场所上有目的的位移。它是在不同地域范围间,以改变"物"的空间位置为目的的活动,即对"物"进行空间位移。运输和搬运的区别在于,运输是较大范围的活动,而搬运是在同一地域之内的活动。

物流过程是由采购、生产、包装、运输、保管、装卸搬运、储存、流通加工等过程共同组成的。没有运输也就没有商品的流通过程,商品的价值和使用价值就无法实现,社会再生产也不可能正常进行。

2.运输在物流中的作用

(1)运输是物流的主要功能要素之一

根据物流的概念,物流是"物"的物理性运动,这种运动既改变了"物"的时间状态,又改变了"物"的空间状态。运输是改变空间状态的主要手段,承担了改变空间状态的主要任务,运输再结合搬运、配送、储存等活动,就能圆满完成改变空间状态的全部任务。

(2)运输是社会物质生产的必要条件之一

运输是国民经济的基础和先行条件,是将运输看作生产过程的继续,所以可以将运输看成一个物质生产部门,因此,可以认为,运输是联结生产和消费的纽带,是社会再生产的必备环节。

运输作为社会物质生产的必要条件,表现在以下两个方面:

①在生产过程中,运输是生产的直接组成部分,没有运输,生产内部的各环节就无法联结。

②在社会上,运输是生产过程的继续,这一活动联结生产与再生产、

生产与消费,联结国民经济各部门、各企业,联结着城乡,联结着不同国家和地区。

（3）运输可以创造场所效用

同种"物"由于空间场所不同,其使用价值的实现程度有所不同,其效益的实现也不尽相同。由于改变场所而最大限度地发挥使用价值,最大限度地提高产出投入比,就称之为场所效用。通过运输将"物"运到场所效用最高的地方,就能发挥"物"的潜力,实现资源的优化配置。从这个意义上讲,就相当于通过运输提高了"物"的使用价值。

（4）运输是"第三利润源"的主要源泉

物流被认为是企业的"第三利润源",作为物流的主体和重要组成部分,运输便理所当然地成为企业"第三利润源"的主要源泉。

①运输是运动中的活动,它和静止的保管不同,要依靠大量的动力消耗才能实现这一活动,而运输又承担大跨度空间转移的任务,所以活动的时间长、距离长,消耗也大。消耗的绝对数量越大,其节约的潜力也就越大。

②从运费的构成看,运费在全部物流费用中的占比最高,一般综合分析计算社会物流费用,运输费在其中占接近50％的比例,有些产品的运费甚至高于产品的生产费,所以运费的节约潜力巨大。

③由于运输总里程大、运输总量大,企业通过运输合理化可大大缩短运输吨公里数,从而获得比较大的节约。

（二）各种常见的运输方式及特点

1．铁路运输

铁路运输又称为火车运输,是现代主要的运输方式之一。我国目前有大约50％的货运量依赖铁路运输,铁路运输在国民经济中起着大动脉的作用。

（1）铁路运输的优势

铁路运输的承运能力强,适合大批量低值商品的长距离运输;铁路运输受气候和自然条件限制的程度较小,在运输的准时性方面占有优势;铁路运输可以方便地实现直达运输、集装箱运输及多式联运;铁路运输的安全系数大。

（2）铁路运输的适用范围

大宗低值货物的中长距离运输;散装货物（如煤炭、矿石）、罐装货物（如石油化工产品）的运输;大量货物的一次性高效率运输;运费负担能力小、批量大、运输距离长的货物运输。

2.公路运输

公路运输主要是指使用汽车或其他车辆,在公路上运送客货的一种运输方式。它主要承担近距离、小批量的货运,水路运输、铁路运输难以到达地区的长途、大批量货运,铁路运输、水路运输优势难以发挥的短途运输。由于公路运输有很强的灵活性,因此,在有铁路、水运的地区,运距较长与运量较大的货物也开始使用公路运输。

（1）公路运输的优势

①速度快。据统计,一般在中短途运输中,汽车运输的运送速度平均比铁路运输要快4～6倍,比水路运输快10倍。

②灵活、方便。汽车除了可以沿公路网运行以外,还可以深入工厂、矿山、车站、码头、农村、山区、城镇街道及居民区,空间覆盖范围大。

③项目投资小,经济效益高。一般公路运输的投资每年可以周转一两次。

④操作人员容易培训。

⑤可以提供"门到门"的直达运输服务。

⑥近距离、中小量的货物运输的运费比较便宜。

⑦能灵活制订运营时间表,运输中的伸缩性极大。

⑧运输途中货物的撞击少,几乎没有中转装卸作业,因而货物包装比较简单,节省成本。

（2）公路运输的适用范围

近距离的独立运输作业,主要为中短途运输（25千米以内为短途运输,25千米以上200千米以内为中途运输）;补充和衔接其他运输方式,实现最终的"门到门"运输。

3.水路运输

水路运输简称水运,是指利用船舶在江、河、湖泊、人工水道以及海洋运送旅客和货物的一种运输方式。在现代运输方式中,水路运输是一种最古老、最经济的运输方式。

（1）水路运输的优势

利用天然水道进行大吨位、长距离的运输,运量大、成本低;与其他运输方式相比,水运对货物的载运和装卸要求不高,因而占地较少;对于海上运输而言,它的通航能力几乎不受限制。

（2）水路运输的适用范围

承担大批量货物的运输;承担原料、半成品等散货的运输;适合远距离、大运量的外贸货物运输;水路运输生产过程相当复杂,具有点多、线长、面广、分散流动、波动大等特点。

4.航空运输

航空运输简称空运,是指用飞机或其他飞行器载运客货的一种现代化运输方式。

（1）航空运输的优势

高速直达性、较高的安全性、经济特性良好、包装要求低。

（2）航空运输的适用范围

国际的客货运输;适用于高附加值、重量轻和小体积的物品运输;适于时效性强、需求紧急的货物运输。

5.管道运输

管道运输是主要利用管道,通过一定的压力差而完成商品(多为液体、气体货物)运输的一种现代运输方式。它是由埋设在地下的管线和地面上加温、加压等配套设备所组成的。管道运输一般指输送气体和液体货物的大型管道,如天然气管道、石油管道等。

（1）管道运输的优势

运量大;占地少,运输管道埋于地下的部分占管道总长度的 95% 以上,因而对于土地的永久性占用很少,分别仅为公路的 3%、铁路的 10% 左右,对于节约土地资源意义重大;管道运输建设周期短、费用低,运营费用也低;管道运输安全可靠、连续性强;管道运输耗能少、成本低、效益好。

(2)管道运输的适用范围

单向、定点、量大的流体状货物(如石油、油气、煤浆、某些化学制品原料等)的运输。

(三)运输合理化

1.合理运输的概念与意义

合理运输是指从物流系统的总体目标出发,运用系统理论和系统工程的原理与方法,充分利用各种运输方式,选择合理的运输路线和运输工具,以最短的路径、最少的环节、最快的速度和最少的劳动消耗,组织好物质产品的运输活动。

货物在发运地和目的地之间往往有多条运输路线和多种运输方式可供选择,一个区域的货物运输往往具有各种各样的货物、纵横交错的运输线路、千家万户的运输单位和各种运输方式。组织合理运输就是在保证货物满足社会需要的条件下,根据各种运输工具的特点和能力,结合货源的分布、货流的规律和货物的特性,做到经最少的环节、用最少的时间、走最短的路程、花最低的费用、以最高的效率,及时、准确、安全、经济地把货物从发运地送到目的地。

2.影响运输合理化的因素

运输合理化的影响因素有很多,起决定性作用的有五个方面。

(1)运输距离

运输时间、货损、运费率、车辆或船舶周转等运输的若干技术经济指标,都与运距有一定的比例关系,运距长短是运输是否合理的一个最基本的因素。

(2)运输环节

每增加一次运输,不但会增加起运的运费和总运费,而且必须增加运输的附属活动,如装卸搬运、包装等,各项技术经济指标也会因此下降。

(3)运输工具

各种运输工具都有其适用的优势领域,对运输工具进行优化选择,按运输工具的特点进行装卸运输作业,最大限度地发挥所用运输工具的作用,是运输合理化的重要一环。

(4)运输时间

运输是物流过程中需要花费较多时间的环节,尤其是远程运输,在全部物流时间中,运输时间占绝大部分,所以运输时间的缩短对整个流通时间的缩短有决定性作用。

(5)运输费用

运费的高低在很大程度上决定整个物流系统的竞争能力。实际上,运输费用的降低,无论对企业还是对运输公司而言,都是运输合理化的一个重要目标。

3.运输合理化的有效措施

(1)充分利用运输能力

在不增加运力的条件下,可以通过合理积载、配载、合理包装等手段提高运输的效率。

(2)发展社会化的运输体系

发展运输的大生产优势,实现专业分工,打破企业自行运输体系的状况。

(3)铁路、公路合理分流

这一措施的重点是在公路运输经济里程范围内,尽量利用公路。这种运输合理化的表现形式主要有两点:一是对于比较紧张的铁路运输,用公路分流后,可以得到一定程度的缓解,从而加大这一区段的运输通过能力;二是充分利用公路速度快且灵活机动的优势,实现铁路运输服务难以达到的水平。

(4)尽量发展直线直达运输

直线直达运输是追求运输合理化的重要形式,其对合理化的追求要点是通过减少中转、过载、换载,从而提高运输速度,省却装卸费用,降低中转货损。

直达运输是指在商品运输过程中通过精简中转环节,越过非必要的批发仓库,把商品从产地或供应单位直接运达消费地区、销售单位或主要用户的一种作业措施。直线运输是指在选择运输路线时,按照商品的合理流向,采取最短的里程,消除迂回、对流等不合理运输方式,使商品运输实现直线化。在实际运输过程中,直达运输和直线运输往往是结合在一起进行的,减少了不必要的中间环节和缩短了运输里程。

(5)合理配载

配载运输是指充分利用运输工具的载重量和容积,合理安排装载的物资及载运方法以求得合理化的一种运输方式。配载运输也是提高运输工具实载率的一种有效形式。

(6)"四就"直拨运输

"四就"直拨运输是商品运输中所采取的就工厂直拨、就车站(码头)直拨、就仓库直拨、就车船直拨等作业措施的简称。其目的是减少中转运输环节,力求以最少的中转次数完成运输任务的一种形式。例如,就工厂直拨是指商业物资批发部门从工厂收购产品,经在厂验收后,不经过中间仓库和不必要的转运环节,直接调拨给要货单位,或者直接送到车站、码头,运往目的地。

(7)发展运输技术设备,提高运输信息化

依靠科技进步是运输合理化的重要途径。如条形码技术、射频识别技术(RFID)、全球定位系统(GPS)、地理信息系统(G1S)等电子化技术的应用;会大大提高运输效率和保证运输的准确率。

(8)通过流通加工,使运输更趋合理化

由于本身的特性问题,有些产品很难实现运输的合理化,如果进行适当加工,就能够有效解决运输合理化的问题。如将造纸材料在产地预先加工成干纸浆,然后压缩体积运输,就能解决造纸材料运输不满载的问题。

二、仓储的概述

(一)仓储的概念与作用

1.仓储的概念

仓储是指产品在生产、流通过程中因订单前置或市场预测前置而暂时存放,它是集中反映工厂物资活动状况的综合场所,是连接生产、供应、销售的中转站。

"仓"即为仓库,为存放、保管、储存物品的建筑物和场地的总称。"储"即储存,表示收存以备使用。

2. 储存的作用

仓储在现代物流中的作用主要表现在如下几个方面。

(1)仓储是物流系统中不可缺少的重要环节

从供应链的角度看,物流过程由一系列的"供给"和"需求"组成,在供需之间既存在物的"流动",也存在物的"静止",这种静止是为了更好地使前后两个流动过程衔接,仓储环节正是起到了有效"静止"的作用。

(2)仓储能保证货物进入下一环节前的质量

货物在物流过程中会通过仓储环节,对进入下一环节前的货物进行检验,可以防止伪劣货物混入市场。因此,为保证货物的质量和数量,把好仓储管理这一关是非常重要的。仓储管理的任务就是要最大限度地保证货物的使用价值。通过仓储来保证货物质量的关键环节,一是货物入库时的质量检验,二是货物储存期间的保养维护。因此,在仓储过程中,应严把入库质量关,严禁不合格货物或不适合储存的货物进入仓库,对已入库货物要严格保养维护,以确保储存环节货物质量的完好和数量的完整。

(3)仓储是保证社会再生产顺利进行的必要条件

货物仓储不仅是商品流通的必要保证,也是社会再生产顺利进行的必要条件,因此,仓储发挥的是"蓄水池"的功效。

(4)仓储是加快商品流通、节约流通费用的重要手段

仓储的发展在减少生产和销售部门的库存积压、调剂余缺等方面都起到非常积极的作用,加快仓储环节的收发效率,将直接影响货物的流通时间。发达国家把物流领域的成本降低看作企业的"第三利润源",即强调把好商品成本的最后一关。因此,作为物流的一个重要环节,仓储费用的降低是节约整个流通费用的重要手段。

(5)仓储为货物进入市场做好准备

仓储可以使货物在进入市场前完成整理、包装、质检、分拣、加标签等

加工,以便缩短后续环节的作业时间,加快货物流通。

(二)仓库的分类

仓库是保管、存储物品的建筑物和场所的总称。仓库的概念可以理解为是用来存放货物(包括商品、生产资料、工具或其他财产)及对其数量和价值进行保管的场所或建筑物等设施。从社会经济活动看,无论是生产领域,还是流通领域都离不开仓库。

从不同侧面考察仓库,可以得出仓库的不同分类方法。例如,我们可以从仓库的用途、货物的特征、仓库的构造、建筑材料、位置以及管理体制等方面对仓库进行分类。

1.按用途分类

仓库按照在商品流通过程中所起的作用,可以分为以下几种类型。

(1)采购供应仓库

采购供应仓库主要用于集中储存从生产部门收购和供国际进出口的商品,这类仓库一般设在商品生产比较集中的大中城市或商品运输枢纽所在地。

(2)批发仓库

批发仓库主要用于储存从采购供应仓库调进或在当地收购的商品。这类仓库贴近商品销售市场,是销售地的批发性仓库,它既从事批发供货业务,也从事拆零供货业务。

(3)零售仓库

零售仓库主要用于为商业零售业短期存货,以供商店销售。在零售仓库中存储的商品周转速度较快,而库场规模较小,一般附属于零售企业。

(4)储备仓库

这类仓库一般由国家设置,以保管国家应急的储备物资和战略物资。货物在这类仓库中储存的时间往往较长,并且为保证储存物资的质量需定期更新储存的物资。

(5)中转仓库

这类仓库是在货物运输系统的中间环节地存放那些待转运的货物,

这类仓库一般设在铁路、公路的场站和水路运输的港口码头的附近。

（6）加工仓库

在这种仓库内，除商品储存外，还兼营某些商品的挑选、整理、分级、包装等简单的加工业务，以便于商品适应消费市场的需要。

（7）保税仓库

保税仓库是指为满足国际贸易的需要，设置在一国国土之上，但在海关关境以外的仓库。外国货物可以免税进出这些仓库而无须办理海关申报手续，并且，经批准后，可在保税仓库内对货物进行加工、存储、包装和整理等业务。

在以上各类仓库中，采购供应仓库、批发仓库以及零售仓库在物流供应链中形成了前后衔接的关系。

2.按保管货物的特征分类

（1）原料仓库

原料仓库保管生产中使用的原材料的仓库。

（2）产品仓库

产品仓库保管完成生产但尚未进入流通的产品。

（3）冷藏仓库

冷藏仓库保管需要冷藏储存的货物，一般多为有特殊要求的农副产品、药品等。

（4）恒温仓库

恒温仓库是指为保持货物存储质量将库内温度控制在某一范围内的仓库。

（5）危险品仓库

危险品仓库是指专门用于保管易燃、易爆和有毒等危险品的仓库。

（6）水面仓库

水面仓库是指利用货物的特征以及宽阔的水面来保存货物的仓库。

3.按仓库的构造分类

（1）单层仓库

单层仓库是最常见的且使用很广泛的一种仓库建筑类型，这种仓库没有上层,不设楼梯。

(2)多层仓库

多层仓库一般建在人口较稠密的、土地使用价格较高的市区,它采用垂直输送设备(如电梯或倾斜皮带输送机等)实现货物上楼作业。

(3)立体仓库

立体仓库又称高架仓库,实质上是一种特殊的单层仓库,它利用高层货梁堆放货物。一般与之配套的是在仓库内采用自动化的搬运设备,形成自动化立体仓库。

(4)筒仓

筒仓用于堆放散装、袋装小颗粒或粉状货物的封闭式仓库,一般置于高架之上,如粮食、水泥和化肥等。

(5)露天堆场

露天堆场用于货物露天堆放的场所。一般堆放大批量原材料或不怕受潮的货物。

(三)库存商品的质量管理

1. 货物的入库

货物的入库环节最重要的任务是做好验收、入库交接及货物的堆码工作。

(1)验收

验收是指仓库在物品正式入库前,按照一定的程序和手续,对到库物品进行数量和外观质量的检查,以验证是否符合订货合同规定的一项工作。由于到货的来源复杂、渠道繁多、产地和厂家不同,又都经过不同的运输方式和运输环节,货物有可能在数量、质量上发生变化,这就决定了对到货进行验收的必要性。

验收的主要任务是查明到货的数量和质量状态,防止仓库和货主遭受不必要的经济损失,同时对供货单位的产品质量和承运部门的服务质量进行监督。

验收过程中发现的数量和质量问题可能发生在各个流通环节,按照有关规章制度对问题进行处理,有利于分清各方的责任,并促使有关责任部门吸取教训,改进今后的工作。

(2)入库交接

①入库交接必须在入库物品经过点数、查验之后,方可安排装卸货、入库堆码、办理交接手续。办理完交接手续,意味着划清运输部门、送货部门和仓库的责任。

②编制货物储存计划。货物储存计划是通过合理规划库区,对库存进行分类保管,依据的是"分类分区、定位管理"原则,实现"物得其所、库尽其用"的储存管理目标,即存放在同一货区的物品必须在性质上不抵触,保管条件不同的不应混存,消防措施不同的不能混存。

(3)货物的堆码

堆码是指根据物品的包装、外形、性质、特点、重量和数量,结合季节和气候情况,以及储存时间的长短,将物品按一定的规律码成各种形状的货垛。堆码的主要目的是便于对物品进行保养维护和提高仓库利用率。

堆码的基本要求有"合理、牢固、定量、整齐、节约、方便"等。具体来说就是货垛间距符合作业要求以及防火安全要求;大不压小、重不压轻、缓不压急,确保"先进先出";货垛堆放整齐、垛形、垛高、垛距标准化和统一化,货垛上每件物品都摆放整齐、垛边横竖成列;物品外包装的标记和标志一律朝垛外;节约仓容,提高仓库利用率;妥善组织安排,做到一次性作业到位,节约劳动消耗;合理使用苫垫材料;选用的垛形、尺度、堆垛方法应方便堆垛、装卸搬运作业,提高作业效率;垛形要方便理数、分票、查验物品,方便通风、苫盖等保管作业。常见的堆码方法有散堆法、重叠法、纵横交错法、压缝法等。

2.货物的在库管理

对库存商品的养护要坚持"以防为主、防治结合"的保管保养核心,要特别重视物品损害的预防,及时发现和消除事故隐患,防止损害事故的发生。特别要预防发生爆炸、火灾、水浸、污染等恶性事故和造成大规模损害事故。在发生、发现损害现象时应及时采取有效措施,以防止损害扩大,减少损失。

(1)控制好仓库温湿度

应根据库存物品的保管保养要求,适时采取密封、通风、吸潮和其他控制与调节温湿度的办法,力求把仓库的温湿度保持在适宜物品储存的范围内。

(2)定期进行物品在库检查

由于仓库中保管的物品性质各异、品种繁多、规格型号复杂,进出库业务活动每天都在进行,而每一次物品进出库业务都要检查、验收、计量或清点件数,加之物品受周围环境因素的影响,物品可能发生数量或质量上的损失,因此对库存物品和仓储工作进行定期或不定期的盘点与检查是非常必要的。

(3)搞好仓库的清洁卫生

储存环境不清洁易引起微生物、虫类等繁殖,危害物品。因此,对仓库内外环境应经常清扫,彻底铲除仓库周围的杂草、垃圾等杂物,必要时还要使用药剂杀灭微生物和潜伏的害虫。对容易遭受虫蛀、鼠咬的物品,要根据物品性能和虫、鼠等的生活习性及危害途径,及时采取有效的防治措施。

3. 货物的出库

仓库必须建立严格的商品出库和发运程序,在仔细核对出库单证的同时,要严格遵循"先进先出"原则,尽量使出库工作一次完成,防止差错事故的产生。同时,需托运物品的包装还要符合运输部门对于包装的要求。

(四)仓储合理化

1. 仓储合理化的概念

仓储合理化是用最经济的办法实现储存的功能。仓储的功能是对需求的满足,实现被储物的时间价值,这就要求货物必须有一定储量。所以,合理仓储的实质是在保证仓储功能实现前提下的投入最小化,也是一个投入产出的关系问题。

2.仓储合理化的主要标志

(1)质量标志

保证被储物的质量,是完成仓储功能的根本要求,只有这样,商品的使用价值才能通过物流得以最终实现。在仓储中增加了多少时间价值或是得到了多少利润,都是以保证质量为前提的。所以,仓储合理化的主要标志首先应当是反映使用价值的质量。

现代物流系统已经拥有很多有效的维护物资质量、保证物资价值的技术手段和管理手段,也正在探索解决物流系统的全面质量问题,即通过物流过程的控制和工作质量来保证仓储的质量。

(2)数量标志

在保证功能实现的前提下有一个合理的数量范围。目前管理科学的方法已经在各种约束条件下,对合理数量范围做出决策,但较为实用的还是在消耗稳定、资源及运输可控的约束条件下,所形成的储存数量控制方法。

(3)时间标志

在保证功能实现的前提下,寻求一个合理的储存时间,这是和数量有关的问题,储存量越大而消耗速度越慢,则储存的时间必然越长,相反则必然短。在具体衡量时往往用周转速度指标来反映时间标志,如周转天数、周转次数等。

在总时间一定的前提下,个别被储物的储存时间也能反映合理程度。如果少量被储物长期储存,成了呆滞物,虽然反映不到宏观周转指标中去,但也标志着储存存在不合理。

(4)结构标志

结构标志是指从不同品种、不同规格、不同花色的被储物储存数量的比例关系对储存合理性的判断,尤其是相关性很强的各种物资之间的比例关系更能反映储存合理与否。由于这些物资之间的相关性很强,只要有一种物资出现耗尽,即使其他物资仍有一定数量,也会无法投入使用。

(5)分布标志

分布标志是指不同地区储存的数量比例关系,以此判断和当地需求相比,仓储对需求的保障程度,也可以此判断其对整个物流的影响。

(6)费用标志

费用标志是指仓租费、维护费、保管费、损失费及资金占用利息支出等,都能从实际费用上判断储存的合理与否。

第二节 包装与装卸搬运

一、包装的概述

(一)包装的概念与作用

1.包装的概念

包装是指在物流过程中,为了保护产品、方便储运、促进销售,按一定技术方法采用的容器、材料及辅助物等的总称,也包括将物品包封并予以适当标志的工作过程。简言之,包装是包装物及包装操作的总称,是生产物流的终点,也是社会物流的起点。

商品包装具有从属性和商品性两种属性。包装是其内装物的附属品,包装所选用的容器、材料、包装技法都从属于内装货物的需要。商品包装是附属于内装货物的特殊商品,本身具有价值和使用价值两种属性。其价值包含在具体商品的价值中,随着商品的销售而实现,而且优良的包装不仅能保护货物,还能提高商品的艺术性和精美度,影响人们对商品的评价,从而提升商品的价值。

2.包装的作用

(1)保护功能

保护功能是指包装具有保护货物,防止出现运输过程中的残损的功能。因此,必须对商品进行科学的防护包装,以增加商品抵抗各种外界不利因素的影响的能力,从而保证和提高商品的质量。为实现商品包装的这一功能,必须从加强商品包装材料、包装技法和对包装容器的合理选择等方面进行研究。

（2）方便功能

方便功能是指包装具有方便运输、方便装卸、方便使用、方便销售等功能。商品包装是商品流通的工具之一。商品从出厂后要经过分配调拨、运输装卸、开箱验收、储存保管、展示销售等一系列流通环节，才能最终到达消费者手中，这无一不对运输的便利性提出了较高的要求。合理的包装、合理而固定的重量与尺码，提高货物在装卸搬运过程中的机械化作业水平，可以提高机械化的水平；包装外的各种标志（运输标志、包装储运指示标志、危险货物标志等），能起到正确的警示和指导作用，便于提高运输、装卸的安全性。为了提高商品包装的这一功能，必须加强对运输包装、集合包装、包装尺码系列标准、包装标志内容与要求等方面的研究。

（3）容纳功能

容纳功能使货物具备一定的形态。容纳功能使得散装货物变成件装货物，利于货物运输、保管、装卸时的理货与交接，便于运输和保管。容纳功能使得货物的成组包装成为可能。成组包装是把许多相同或不同的货物个体或一些包装物组合在一起，作为一个整体运输单元的形式。这种成组包装形式可以化零为整、化分散为集中，能大大提高运输、装卸和销售的效率。容纳功能可以节省储运空间，容纳功能不仅可以充分利用包装容积，还能够方便装卸，提高运输效率和库房利用率，节省包装、储运费用。

（4）促销功能

商品的价格围绕商品价值波动，消费者承认的价格必须与商品质量相符合，并受同类商品市场竞争机制和供求关系的影响。许多出口商品由大包装改为小包装后可换回更多的外汇，这种现象说明改进商品包装可以增加商品价值，这并不违反商品价值规律，只是通过商品包装使其原有价值被人们重新认识。

（二）包装的分类

包装的分类就是把包装作为一定范围的集合总体，按照一定的分类标准或者特征，将其划分为不同的类别。

1.按照包装在物流中发挥的不同作用划分

(1)商业包装

商业包装也称销售包装、消费者包装或内包装、小包装,其主要目的就是为了吸引消费者,促进销售。一般来说,在物流过程中,商品越接近顾客,就越要求包装起到促进销售的效果。因此,这种包装的特点是造型美观大方,拥有必要的修饰,包装上有对于商品的详细说明,包装适合于顾客的购买以及符合商家柜台摆设的要求。

(2)物流包装

物流包装又称为工业包装或运输包装、外包装、大包装,是为了在商品的运输、存储和装卸过程中保护商品而进行的包装。其主要作用是保护商品和防止出现货损、货差。

2.按照包装材料的不同划分

按照包装材料的不同,可以将包装分为纸制品包装、塑料制品包装、木制容器包装、金属容器包装、玻璃陶瓷容器包装、纤维容器包装、复合材料包装和其他材料包装。

3.按照包装保护技术的不同划分

按照商品包装保护技术的不同,可将包装分为防潮包装、防锈包装、防虫包装、防腐包装、防震包装以及危险品包装等。

(三)包装合理化

1.包装合理化的概念

包装合理化一方面包括了包装总体的合理化,这种合理化往往用整体物流效益和微观包装效益的统一来衡量;另一方面也包括包装材料、包装技术以及包装方式的合理组合及运用。

2.包装合理化的要素

一般认为,包装合理化的要素如下。

(1)从物流总体角度出发,用科学方法确定最优包装

产品从生产到最终消费使用,要经历漫长的流通过程,在此过程中还要经过装卸搬运、堆存、运输等若干环节,这就对包装提出了要求。从现

代物流观点看,包装合理化不单是包装本身合理与否的问题,而是在整个物流合理化前提下的包装合理化。

（2）防止包装过弱或包装过剩

包装强度过弱、包装材料不足等因素,易导致货物在流通过程中发生残损,但如果包装强度过高,保护材料选择不当而造成包装过剩,也会造成较大的浪费。

（3）不断改进包装,实现物流包装标准化

物流标准是指为实现标准化,提高物流效率,将物流系统各要素的基准尺寸体系化,其基础就是单元货载尺寸。单元货载尺寸是运输车辆、仓库、集装箱等能够有效利用的尺寸。采用这种运输包装系列尺寸,可以使货物不多不少地码放在托盘上,既不致溢出,也不留有空隙。卡车的车厢规格,也最好按单元货载尺寸的要求制造,使其装载货物时既不超出也不余空。

（4）包装大型化

随着交易单位的大型化和物流过程中搬运的机械化,单个包装也日趋大型化。如作为工业原料的粉粒状货物,就使用以吨为单位的柔性容器进行包装。包装大型化可以节省劳力,降低包装成本。

（5）包装机械化

包装机械化从逐个包装机械化开始,直到装箱、封口、捆扎等外包装作业完成。此外,还有使用托盘堆码机进行的自动单元化包装,以及用塑料薄膜加固托盘的包装等。包装机械化在节省劳力、货物单元化、提高销售效率等方面不可或缺。

（6）绿色包装

包装的寿命很短,多数到达目的地后便废弃了,随着物流量的增大,垃圾公害问题被提上议事日程。随着对"资源有限"认识的加深,包装材料的回收利用和再生利用受到了重视。今后应尽可能积极地采用绿色材料进行包装,推行包装容器的循环使用,并尽可能地回收废弃的包装容器予以再生利用。

二、装卸搬运的概述

(一)装卸搬运的概念与作用

1.装卸搬运的概念

在同一地域范围内(如车站范围、工厂范围、仓库内部等)将改变"物"的存放、支承状态的活动称为装卸,将改变"物"的空间位置的活动称为搬运,两者全称装卸搬运。有时或在特定场合,单称装卸或单称搬运也包含了装卸搬运的完整含义。

在习惯使用中,物流领域(如铁路运输)常将装卸搬运这一整体活动称作"货物装卸";在生产领域中,常将这一整体活动称作"物料搬运"。实际上,它们的活动内容都是一样的,只是领域不同而已。

在实际操作中,装卸与搬运是密不可分的,两者是伴随在一起发生的。因此,在物流科学中并不过分强调两者的差别而是将其作为一种活动来对待。

搬运的"运"与运输的"运"的区别之处在于搬运是在同一地域的小范围内发生的,而运输则是在较大范围内发生的,两者是从量变到质变的关系,中间并无一个绝对的界限。

2.装卸搬运的作用

(1)装卸搬运在物流活动的转换中起承上启下的连接作用

装卸搬运的功能包括对输送、保管、包装、流通加工等物流活动进行的衔接活动,以及在保管等活动中为进行检验、维护、保养所进行的装卸活动。装卸搬运是物流过程中的"节",它是对运输、储存、配送、包装、流通加工等活动进行连接的中间环节。装卸搬运在物流过程中频频发生,占有相当大的比重,而且确是一项十分艰苦而又繁重的工作。为了提高装卸作业效率,降低劳动强度,发展装卸搬运机械化、自动化、连续化势在必行。

(2)装卸搬运在物流成本中占有重要地位

装卸活动的基本动作包括装车(船)、卸车(船)、堆垛、入库、出库以及连接上述各项动作的短程输送,是随运输和保管等活动而产生的必要活动。

在物流过程中,装卸活动是不断出现和反复进行的,它出现的频率高于其他各项物流活动,每次装卸活动都要花费很长时间,所以它往往成为决定物流速度的关键。铁路运输的始发和到达的装卸作业费占运费的20％左右,船运占40％左右。因此,为了降低物流费用,装卸是个不可忽视的重要环节。

(3)装卸搬运是提高物流系统效率的关键

虽然装卸搬运在整个宏观物流中只是"节",然而从局部、微观的角度来研究它时,它本身就是一个令人不可忽视的系统。科学、合理地组织装卸搬运系统,可以减少作业环节与装机容量,优化工艺线路,以达到与先进技术装备配套的目的。装卸搬运机械化的实施,既可降低装卸搬运成本,节约费用,又可降低工人作业强度,保证装卸搬运质量。

此外,进行装卸操作时往往需要接触货物,因此,这是在物流过程中造成货物破损、散失、损耗、混合等损失的主要环节。例如,袋装水泥纸袋破损和水泥散失主要发生在装卸过程中,玻璃、机械、器皿、煤炭等产品在装卸时最容易造成损失。由此可见,装卸活动是影响物流效率、决定物流技术经济效果的重要环节。

(二)装卸搬运的特点

1.装卸搬运是附属性、伴生性活动

装卸搬运是物流每一项活动开始及结束时必然发生的活动,是其他操作不可缺少的组成部分。例如,一般而言的公路运输,实际上就包含了相随的装卸搬运,仓库中泛指的保管活动,也含有装卸搬运活动。

2.装卸搬运是支持、保障性活动

装卸搬运的附属性不能理解成被动的特性,实际上,装卸搬运对其他物流活动有一定的决定性。许多物流活动在有效的装卸搬运支持下,才能实现高水平作业。

3. 装卸搬运是衔接性活动

在任何其他物流活动互相过渡时,都以装卸搬运来衔接,因而,装卸搬运往往成为整个物流的"瓶颈",是物流各功能之间能否形成有机联系和紧密衔接的关键。

建立一个有效的物流系统,关键看这一衔接是否有效,比较先进的系统物流方式——联合运输方式就是着力解决这种衔接而实现的。

(三)装卸搬运的分类

1. 按装卸搬运施行的物流设施、设备对象分类

装卸搬运可分为仓库装卸、铁路装卸、港口装卸、汽车装卸、飞机装卸等。

仓库装卸配合出库、入库、维护保养等活动进行,并且以堆垛、上架、取货等操作为主。

铁路装卸是对火车车皮的装进及卸出,特点是一次作业就实现一车皮的装进或卸出,很少有在仓库装卸时出现的整装零卸或零装整卸的情况。

港口装卸既包括码头前沿的装船,也包括后方的支持性装卸搬运。有的港口装卸还采用小船在码头与大船之间"过驳"的办法,因而其装卸的流程较为复杂,往往经过几次的装卸及搬运作业才能最后实现船与陆地之间货物过渡的目的。

汽车装卸一般一次的装卸批量不大,由于汽车的灵活性,可以减少或基本减去搬运活动,而直接、单纯利用装卸作业达到车与物流设施之间货物过渡的目的。

飞机装卸一般对装卸物的包装规格有明确要求,需要与汽车装卸进行配合,通过专用的传送机、升降机进出飞机货仓。

2. 按装卸搬运的机械及机械作业方式分类

装卸搬运可分成使用吊车的"吊上吊下"方式、使用叉车的"叉上叉下"方式、使用半挂车或叉车的"滚上滚下"方式、"移上移下"方式及散装方式等。

（1）"吊上吊下"方式

采用各种起重机械从货物上部起吊，依靠起吊装置的垂直移动实现装卸，并在吊车运行的范围内或回转的范围内实现搬运，或依靠搬运车辆实现搬运。由于吊起及放下属于垂直运动，这种装卸方式属于垂直装卸方式。

（2）"叉上叉下"方式

采用叉车从货物底部托起货物，并依靠叉车的运动进行货物位移，搬运完全靠叉车本身，货物可不经中途落地直接放置到目的地。这种方式垂直运动不大而主要是水平运动，属于水平装卸方式。

（3）"滚上滚下"方式

它主要指港口装卸的一种水平装卸方式。利用叉车或半挂车、汽车承载货物，连同车辆一起开上船，到达目的地后再从船上开下，称为"滚上滚下"方式。利用叉车的"滚上滚下"方式，在船上卸货后，叉车必须离船，利用半挂车、平车或汽车，则拖车将半挂车、平车拖拉至船上后，拖车开下离船而载货车辆连同货物一起运到目的地，再原车开下或拖车上船拖拉半挂车、平车开下。"滚上滚下"方式需要有专门的船舶，对码头也有不同要求，这种专门的船舶称为"滚装船"。

（4）"移上移下"方式

在两车之间（如火车及汽车）进行靠接，然后利用各种方式，不使货物垂直运动，而靠水平移动将货物从一个车辆推移到另一车辆上，称为"移上移下"方式。"移上移下"方式需要使两种车辆水平靠接，因此，需对站台或车辆货台进行改变，并配合移动工具实现这种装卸。

（5）散装散卸方式

该方式对散装物进行装卸。一般从装点直到卸点，中间不再落地，这是集装卸与搬运于一体的装卸方式。

3.按被装物的主要运动形式分类

装卸搬运可分为垂直装卸、水平装卸两种形式。

4.按装卸搬运对象分类

装卸搬运可分为散装货物装卸、单件货物装卸、集装货物装卸等。

5.按装卸搬运的作业特点分类

装卸搬运可分为连续装卸和间歇装卸两类。连续装卸主要是同种大批量散装或小件杂货通过连续输送机械,连续不断地进行作业,中间无停顿,货间无间隔。在装卸量较大、装卸对象固定、货物对象不易形成大包装的情况下适宜采取这一方式。

间歇装卸有较强的机动性,装卸地点可在较大范围内变动,主要适用于货流不固定的各种货物,尤其适用于包装货物、大件货物,散粒货物也可采取此种方式。

(四)装卸搬运合理化

装卸搬运合理化,首先必须坚持装卸搬运的基本原则,其次要按照装卸搬运合理化的要求进行装卸搬运作业。

1.提高货物装卸搬运的灵活性与可运性

提高货物装卸搬运的灵活性与可运性是装卸搬运合理化的一项重要内容。装卸搬运的灵活性要求装卸搬运作业必须为下一环节的物流活动提供方便,即所谓的"活化"。因此,不断提高活化的程度是装卸搬运灵活性的重要标志。

装卸搬运的可运性是指装卸搬运的难易程度。影响装卸搬运难易程度的因素主要有物品的外形尺寸,物品的密度或笨重程度,物品形状,损伤物品、设备或人员的可能性,物品所处的状态,物品的价值和使用价值等。装卸搬运物料的可运性可用物品马格数值的大小来量度。

所谓"1个马格",是指可以方便地拿在一只手中,相当密实,形状紧凑并可以码垛,不易损伤,以及相当清洁、坚固、稳定的物品。1马格物品最典型的例子,是一块经过粗加工的10立方英寸6大小的干燥木料。如果10件同一种物品可以方便地拿在一只手中,则每一物品为1/10马格。不断降低马格数值,就意味着物品不断提高了可运性。因此,采取措施降低马格数,是提高装卸搬运可运性的重要方式,也是装卸搬运合理化的重要方式之一。

2.利用重力作用,减少能量消耗

利用重力作用,减少能量消耗就是所谓的省力化原则,能往下则不往上、能直行则不拐弯、能用机械则不用人力、能水平则不上坡、能连续则不间断、能集装则不分散。

在装卸时考虑到重力因素,可以利用货物本身的重量,进行有一定落差的装卸,以减少或根本不消耗装卸的动力,这是合理化装卸的重要方式。例如,从卡车、铁路货车卸物时,利用卡车与地面或小搬运车之间的高度差,使用溜槽、溜板之类的简单工具,可以依靠货物本身重量,使其从高处自动滑到低处,这就无须消耗动力。如果采用吊车、叉车将货物从高处卸到低处,其动力消耗虽比从低处装到高处小,但是仍需消耗动力,两者相比较,利用重力进行无动力消耗的装卸显然是合理的。

在装卸时尽量消除或削弱重力的影响,也会实现减轻体力劳动及其他劳动消耗的合理性。例如,在进行两种运输工具的换装时,可以采取落地装卸方式,即将货物从甲工具卸下并放到地上,一定时间之后或搬运一定距离之后,再将其从地上装到乙工具之上,这样起码在"装"时,要将货物举高,这就必须消耗改变位移的动力。如果进行适当安排,将甲、乙两工具进行靠接,从而使货物平移,从甲工具转移到乙工具上,就能有效消除重力影响,实现合理化。

在人力装卸时,一装一卸是爆发力,而搬运一段距离,这种负重行走,要持续抵抗重力的影响,同时还要行进,因而体力消耗很大,是出现疲劳的环节。所以,在人力装卸时如果能配合简单机具,做到"持物不步行",则可以大大减轻劳动量,做到合理化。

3.合理选择装卸搬运机械,充分利用机械,实现规模装卸

装卸搬运机械化是提高装卸效率的重要环节,装卸机械化程度一般分为三个级别。

第一级是使用简单的装卸器具,第二级是使用专用的高效率机具,第三级是依靠电脑控制实行自动化、无人化操作。以哪一个级别为目标实

现装卸机械化,不仅要从是否经济合理的角度考虑,而且还要从加快物流速度、减轻劳动强度和保证人与物的安全等方面来考虑。

另外,装卸搬运机械的选择必须根据装卸搬运物品的性质决定。对以箱、袋或集合包装的物品可以采用叉车、吊车、货车装卸;散装粉粒状物品可使用传送带装卸;散装液体物品可以直接向装运设备或储存设备装取。

规模效益在装卸时的主要表现在于一次装卸量或连续装卸量要达到充分发挥机械最优效率的水准。为了更多地降低单位装卸工作量的成本,对装卸机械而言也有规模问题,装卸机械的能力达到一定规模,才会有最优效果。追求规模效益的方法,主要是在通过各种集装实现间断装卸时一次操作的最合理装卸量,从而使单位装卸成本降低,也通过散装实现连续装卸的规模效益。

4.合理选择装卸搬运方式

在装卸搬运过程中,必须根据货物的种类、性质、形状、重量确定装卸搬运方式。在装卸时对货物的处理大体有三种方式:一是"分块处理",即按普通包装对货物逐个进行装卸;二是"散装处理",即对粉粒状货物不加小包装而进行的原样装卸;三是"单元组合处理",即货物以托盘、集装箱为单位进行组合后的装卸。要实现单元组合,可以充分利用机械进行操作,其优点是操作单位大,作业效率高;能提高物流"活性";操作单位大小一致,易于实现标准化;装卸不触及货物,对物品有保护作用。但这种装卸搬运方式并不是对所有货物都适用。

5.改进装卸搬运作业方法

装卸搬运是物流过程中重要的一环。合理分解装卸搬运活动,对于改进装卸搬运各项作业、提高装卸搬运效率有着重要意义。在改进作业方法上,尽量采用现代化管理方法和手段,如排队论的应用、网络技术的应用、人机系统的应用等,实现装卸搬运的连贯、顺畅、均衡。

6.创建"复合终端"

近年来,工业发达国家为了对运输线路的终端进行装卸搬运合理化的改造,创建了所谓的"复合终端",即对不同运输方式的终端装卸场所,集中建设不同的装卸设施。例如,在复合终端内集中设置水运港、铁路站场、汽车站场等,这样就可以合理配置装卸、搬运机械,使各种运输方式有机地连接起来。"复合终端"的优点在于:第一,取消了各种运输工具之间的中转搬运,因而有利于物流速度的加快,减少装卸搬运活动所造成的货物损失;第二,由于各种装卸场所集中到"复合终端",这样就可以共同利用各种装卸搬运设备,提高设备的利用率;第三,在"复合终端"内,可以利用大生产的优势进行技术改造,大大提高转运效率;第四,减少了装卸搬运的次数,有利于物流系统功能的提高。

装卸搬运在某种意义上是运输、保管活动的辅助活动。因此,特别要重视从物流全过程考虑装卸搬运的最优效果。

7. 防止无效装卸

无效装卸的含义是消耗于有用货物的必要装卸劳动之外的多余劳动,一般在装卸操作中,无效装卸具体反映在以下几方面。

（1）过多的装卸次数

在物流过程中,货损发生的主要环节是装卸环节,而在整个物流过程中,装卸作业又是反复进行的。从发生的频数来讲,装卸发生的频数超过任何其他活动,所以过多的装卸次数必然导致损失的增加。从发生的费用来看,一次装卸的费用相当于几十千米的运输费用,因此,每增加一次装卸,费用就会有较大比例的增加。此外,装卸会大大阻碍整个物流的速度,是降低物流速度的重要因素。

（2）过大的包装装卸

如果包装过大、过重,在装卸时会反复在包装上消耗较多的劳动,这一消耗不是必需的,因而形成无效劳动。

（3）无效物质的装卸

进入物流过程的货物,有时混杂着没有使用价值或对用户来讲使用价值不符的各种掺杂物,如煤炭中的矸石、矿石中的表面水分、石灰中的未烧熟石灰及过烧石灰等。在装卸时,会对这些无效物质反复消耗劳动,因而形成无效装卸。

　　由此可见,装卸搬运如能防止上述无效装卸,则可以大大节约装卸劳动,使装卸合理化。

第三节　配送与流通加工

一、配送的概述

(一)配送与配送中心

1.配送的含义

　　配送是指将从供应者手中接受的多品种、大批量货物,进行必要的储存保管,并按用户的订货要求进行分货、配货后,将配好的货物在规定的时间内,安全、准确地送交需求用户的一项物流活动。配送活动一般具有如下特点:

　　①配送是从物流据点至需求用户的一种特殊送货形式;

　　②配送是"配"和"送"的有机结合形式;

　　③配送是一种"门到门"的服务方式。

2.配送中心的含义

　　配送中心是从事对特定用户提供送货业务的集货、加工、分货、拣选、配选和组织活动,以高水平实现销售或供应的现代流通服务场所和组织。配送中心的主要工作是进行货物的配备、供应或销售。它以现代装配和工艺为基础,对庞大的商品种类实行严格的管理,为了保证供应,它利用销售出库管理系统和采购入库管理系统不间断地进行订货、进货、配送作业。

　　配送中心是连接生产与消费的流通节点,是产生时间效用和空间效用的物流设施,在流通过程中发挥着调整生产和消费之间的时间差异、场所差异的作用,并有利于提高库存集约化及作业管理效率化,提高对顾客的服务水平,保证满足顾客需求的安全库存,降低运输成本,实现多样化流通加工中心的整体功能。

配送中心的功能一般有采购功能、存储功能、配组功能、分拣功能、分装功能、集散功能、加工功能等。

(二)配送的作用与分类

1.配送的作用

(1)配送是实现流通社会化的重要手段

随着社会化大生产的发展,必然要求与之相适应的流通社会化。配送是促使流通格局和流通形式发生改变,使原来小生产方式的流通向社会化流通发展的重要手段,对实现流通社会化具有重要意义。配送实行的集中社会库存、集中配送等社会化流通形式,可以从根本上改变小生产式的流通方式,转变其分散的、低效率的运行状态,从而实现与社会化大生产相适应的社会化商品流通。

(2)配送通过集中库存使企业实现低库存或零库存,提高确保供应的程度

配送使库存从小生产形态转变为社会化大生产形态,从分散的供应库存形态转变为集中的流通库存形态。依靠配送企业提供的准时配送,用户企业就不需要保持自己的库存或者只需要保持少量的风险储备,从而实现企业多年追求的"零库存"或低库存,解放出大量的储备资金,改善企业的财务状态,提高企业的经济效益。同时,集中库存能形成比单个企业安全库存大得多的安全库存,各级安全系数也大得多,因而提高了保证供应的程度。此外,配送企业通过其有效的服务,采取准时配送、即时配送等多种服务形式,保证用户的临时性、偶然性和季节性需求,使用户摆脱库存压力,减少储存量。配送在解决库存问题的同时,也实现了社会资源的合理流动与配置。

(3)配送有利于实现运输的合理化

配送通过将多个用户的小批量商品集中起来发货的方式,在货源上集零为整,扩大了运输批量,提高了车辆的载重率和利用率,使运输能以最经济的方式组织和进行。

（4）配送是为消费者提供方便、优质服务的重要方式

随着社会生产和经济的发展,人民生活水平的提高,消费者对商品及与之相应的服务提出了越来越高的要求。不仅要求商品品种全、质量好,而且要求服务方便、周到。在现代化大生产的条件下,专业化生产程度越来越高,企业生产的产品品种越来越少,生产规模越来越大,生产出来的产品数量越来越多。通过流通过程中的配送等各环节,就可以对商品品种加以结合,变单一为多样;对其数量加以分散,化大为小、化整为零,满足消费者的需要,调节商品生产与消费方式的差别。在配送过程中辅以必要的流通加工,并将配好的商品送到顾客手中,从而为消费者提供方便、完善、优质的服务。

2. 配送的分类

按实施配送组织者的不同可将配送分为配送中心配送、仓库配送、商店配送、生产企业配送,按配送商品的种类和数量可将配送分为单(少)品种、大批量配送,多品种、小批量配送,成套配套配送,按配送的时间和数量可将配送分为定时配送、定量配送、定时定量配送、定时定路线配送、即时配送,按配送的组织形式可将配送分为共同配送、集团配送、独立配送。

(三)配送的一般流程及要素

1. 备货

备货是配送的准备工作,备货工作包括筹集货源、订货或购货、集货进货及有关的质量检查、结算、交接等。

2. 储存

配送中的储存有储备及暂存两种形态。

配送储备是按一定时期的配送经营要求形成的对配送的资源保证。这种类型的储备数量较大,储备结构也较完善,根据货源及到货情况,可以有计划地确定周转储备及风险储备结构和数量。

配送暂存是在具体执行日配送时,按分拣、配货要求,在理货场地所做的少量储备准备。由于总体储存效益取决于储存总量,所以这部分暂存数量只会对工作方便与否造成影响,而不会影响储存的总效益,因而在数量控制上并不严格。

还有另一种形式的暂存,即在分拣、配货之后,形成的发送货载的暂存,这种暂存主要是调节配货与送货的节奏,暂存时间不长。

3.分拣

分拣是完善送货、支持送货的准备性工作,是不同配送企业在送货时进行竞争和提高自身经济效益的必然延伸。所以,也可以说分拣是送货向高级形式发展的必然要求。

4.配装

在单个用户配送数量不能达到车辆的有效载运负荷时,就存在如何集中不同用户的配送货物进行搭配装载以充分利用运能、运力的问题,这时就需要配装。配装和一般送货的不同之处在于,通过配装送货可以大大提高送货水平及降低送货成本,所以,配装既是配送系统中有现代特点的功能要素,也是现代配送不同于以往送货的重要区别之处。

5.配送运输

配送运输属于运输中的末端运输、支线运输,和一般运输形态的主要区别在于配送运输是较短距离、较小规模、较高频度的运输形式,一般使用汽车作为运输工具。与干线运输的另一个区别是,配送运输的路线选择问题是一般干线运输所没有的,干线运输的干线是唯一的运输线,而由于配送用户多,一般城市交通路线又较复杂,解决如何组合最佳路线,如何使配装路线有效搭配等问题,是配送运输的特点,也是难度较大的工作。

6.配送加工

配送加工是流通加工的一种,但配送加工有它不同于一般流通加工的特点,即配送加工一般只取决于用户要求,且加工的目的较为单一。

配送的一般流程比较规范,但并不是所有的配送都按上述流程进行。不同产品的配送可能有其独特之处,如燃料油的配送就不存在配货、分放、配装工序,水泥及木材的配送又多出了一些流通加工的过程,而流通加工可能在不同环节出现。

(四)配送合理化

1.配送合理化的标志

对于配送合理化与否的判断是配送决策系统的重要内容,但目前国内外尚无统一的技术经济指标体系和判断方法。一般来说,以下指标应考虑在内。

(1)库存指标

具体指标有以下两方面。

库存总量指标。库存总量指标是指在一个配送系统中,库存从各个分散用户转移到配送中心,配送中心库存数量加上各用户在实行配送后的库存量之和应低于实行配送前各用户库存量之和。

库存周转指标。由于配送企业的调剂作用,以低库存保持高供应能力,库存周转应总是快于原来各企业的库存周转。此外,从各个用户角度进行判断,各用户在实行配送前后的库存周转比较也是判断合理与否的标志。

(2)资金指标

总的来讲,实行配送应有利于资金占用的降低及资金运用的科学化,具体判断如下。

①资金总量

用于资源筹措所占用的流动资金总量,随着储备总量的下降及供应方式的改变必然有较大的降低。

②资金周转

从资金运用的角度看,对于同样数量的资金,过去需要较长时间才能满足一定供应要求,经过配送之后,在较短时间内就能达此目的。所以资金周转是否加快是衡量配送合理与否的标志。

③资金投向的改变

资金分散投入还是集中投入是资金调控能力的重要反映。实行配送后,资金必然应当从分散投入改为集中投入,以便增加调控作用。

(3)成本和效益

总效益、宏观效益、微观效益、资源筹措成本都是判断配送合理化的重要标志。对于不同的配送方式,可以有不同的判断侧重点。例如,如果配送企业、用户都是各自独立的、以利润为中心的企业,则不但要看配送的总效益,还要看对社会的宏观效益及两个企业的微观效益。又如,如果配送是由用户自己组织的,配送主要强调保证能力和服务性,那么,效益主要从总效益、宏观效益和用户企业的微观效益来判断,不必过多顾及配送企业的微观效益。对于配送企业而言(投入确定的情况下),则以企业利润反映配送的合理化程度。对于用户企业而言,在保证供应水平或提高供应水平(产出一定)的前提下,供应成本的降低反映了配送的合理化程度。成本及效益对合理化的衡量,还可以到储存、运输等具体配送环节,使判断更为精细。

(4)供应保证指标

实行配送的重要一点是必须提高而不是降低对用户供应保证的能力,这样才算合理。供应保证能力可以从以下方面判断。

①缺货的次数。实行配送后,对各用户而言,该到货而未到货以致影响用户生产及经营的次数必须下降才算合理。

②配送企业集中库存量。对每个用户而言,其所形成的供应保证能力应高于配送前单个企业的保证程度,这样从供应保证来看才算合理。

③即时配送的能力及速度是用户出现特殊情况的特殊供应保证方式,这一能力必须高于未实行配送前用户紧急进货能力及速度才算合理。

特别需要强调一点,配送企业的供应保证能力是一个科学合理的概念,所以追求供应保证能力的合理化也是有限度的。

(5)社会运力节约指标

末端运输是目前运能、运力使用不合理、浪费较大的领域,因而人们寄希望于通过配送来解决这个问题,这也成了配送合理化的重要标志。运力使用的合理化是依靠送货运力的规划和整个配送系统的合理流程及与社会运输系统的合理衔接实现的。送货运力的规划是任何配送中心都需要花力气解决的问题,而其他问题的解决有赖于配送及物流系统的合理化,判断起来比较复杂,可以简化如下:

①社会车辆总数减少,而承运量增加为合理。

②社会车辆空驶减少为合理。

③一家一户自提自运减少,社会化运输增加为合理。

（6）用户企业仓库、供应、进货的人力物力节约指标

在实行配送后，各用户库存量、仓库面积、仓库管理人员减少为合理；用于订货、接货、供应的人员应减少才为合理。若真正解除用户的后顾之忧，则配送的合理化程度可以说是达到一个高水平了。

（7）物流合理化指标

配送必须有利于物流合理化，这可以从以下几方面判断。

①是否降低了物流费用；

②是否减少了物流损失；

③是否加快了物流速度；

④是否发挥了各种物流方式的最优效果；

⑤是否有效衔接了干线运输和末端运输；

⑥是否不增加实际的物流中转次数；

⑦是否采用了先进的技术手段。

物流合理化的问题是配送要解决的大问题，也是衡量配送本身的重要标志。

2. 配送合理化的措施

国内外推行配送合理化有一些可供借鉴的方法，简单介绍如下。

（1）推行一定综合程度的专业化配送

通过采用专业设备、设施及操作程序，取得较好的配送效果，并降低配送过分综合化的复杂程度及难度，从而追求配送合理化。

（2）推行加工配送

通过加工和配送的结合，充分利用本来应有的中转，而不增加新的中转以求得配送合理化。同时，加工借助于配送，目的更明确，而且和用户联系得更紧密，更避免了盲目性。这两者有机结合，投入增加不太多却可追求两个优势、两个效益，是配送合理化的重要经验。

（3）推行共同配送

通过共同配送，可以最近的路程、最低的配送成本完成配送，从而追求合理化。

（4）实行送取结合

配送企业与用户建立稳定、密切的协作关系，配送企业不仅成为用户的供应代理人，而且成为用户储存据点，甚至成为产品代销人，在配送时，将用户所需的物资运到，再将该用户生产的产品用同一车运回，这种产品也成为配送中心的配送产品之一或者可以开展代存代储。这种送取结合，使运力被充分利用，也使配送企业功能有更大的发挥，从而追求合理化。

（5）推行准时配送系统

准时配送是配送合理化的重要内容，配送做到了准时，用户才有资源把握，可以放心地实施低库存甚至零库存，可以有效地节约人力、物力，以追求工作的最高效率。另外，供应保证能力也取决于准时供应，准时供应配送系统是现在许多配送企业追求配送合理化的重要手段。

（6）推行即时配送

即时配送是最终解决用户企业担心供应中断之忧，大幅度提高供应保证能力的重要手段。即时配送是配送企业快速反应能力的具体化。即时配送的成本较高，但它是整个配送合理化的重要保证手段。此外，即时配送也是用户实行零库存的重要保证手段。

二、流通加工的概述

（一）流通加工的概念

流通加工是流通中的一种特殊形式，是指在物品从生产地到使用地的过程中，根据需要施加包装、分割、计量、分拣、刷标志、贴标签、组装等简单作业的总称。

商品流通是以货币为媒介的商品交换，它的重要职能是将生产及消费（或再生产）联系起来，起"桥梁和纽带"作用，完成商品所有权和实物形态的转移。因此，流通与流通对象的关系，一般不是通过改变其形态而创造价值，而是保持流通对象的已有形态，完成空间的位移，实现其"时间效用"及"场所效用"。

流通加工则与此有较大的区别，总的来讲，在流通过程中，流通加工仍然和流通总体一样起"桥梁和纽带"作用。但是,它却不是通过"保护"流通对象的原有形态来实现这一作用的,它是和生产一样,通过改变或完善流通加工的概念对象的原有形态来实现"桥梁和纽带"作用的。

流通加工是在物品从生产领域向消费领域流动的过程中,为了促进销售、维护产品质量和提高物流效率,对物品进行加工,使物品发生物理、化学或形状的变化。流通加工的内容包括装袋、定量化小包装、挂牌、贴标签、配货、挑选、混装、刷标志、剪断、打孔、折弯、拉拔、挑扣、组装、配套以及混凝土搅拌等。

流通加工和一般的生产型加工在加工方法、加工组织、生产管理方面并无显著区别,但在加工对象、加工程度方面差别较大,具体如下。

(1)流通加工的对象是进入流通过程的商品,具有商品的属性,以此来区别多环节生产加工中的一环。流通加工的对象是商品,而生产加工的对象不是最终产品,而是原材料、零配件、半成品。

(2)流通加工的程度大多是简单加工。一般来讲,如果必须进行复杂加工才能形成人们所需的商品,那么,对这种复杂加工应专设生产加工过程,生产过程理应完成大部分加工活动,流通加工对生产加工则是一种辅助及补充。特别需要指出的是,流通加工绝不是对生产加工的取消或代替。

(3)从价值观点看,生产加工的目的在于创造价值和使用价值,而流通加工的目的则在于完善其使用价值,并在不做大改变的情况下提高价值。

(4)流通加工的组织者是从事流通工作的人,能密切结合流通的需要进行这种加工活动。从加工单位来看,流通加工由商业或物资流通企业完成,而生产加工则由生产企业完成。

(5)商品是为交换、为消费而生产的,流通加工的一个重要目的是消费(或再生产),这一点与商品生产有共同之处。但是流通加工有时也以自身流通为目的,纯粹是为流通创造条件,这种为流通所进行的加工与直接为消费进行的加工从目的上讲是有区别的,这又是流通加工不同于一般生产的特殊之处。

(二)流通加工的地位及作用

1.流通加工在物流中的地位

(1)流通加工有效地完善了流通

在实现时间和场所两个重要效用方面,流通加工起着补充、完善、提高、增强作用,它还能起到运输、储存等其他功能要素无法起到的作用。所以,流通加工的地位可以描述为是提高物流水平、促进流通向现代化发展的必不可少的形态。

(2)流通加工是物流中的重要利润源

流通加工是一种低投入高产出的加工方式,往往以简单加工解决大问题。实践证明,有的流通加工通过改变装潢使商品档次跃升而充分实现其价值,有的流通加工将产品利用率提高 20%～50%,这是采取一般方法提高生产率所难以企及的。根据我国近些年的实践,单向流通企业提供利润这一点,流通加工的成效并不亚于企业从运输和储存中挖掘的利润,是物流中的重要利润源。

(3)流通加工在国民经济中也是重要的加工形式

在整个国民经济的组织和运行方面,流通加工是其中一种重要的加工形态,对推动国民经济的发展和完善国民经济的产业结构及生产分工有一定的促进作用。

2.流通加工的作用

(1)提高原材料利用率

利用流通加工环节进行集中下料,是将生产厂商直接运来的简单规格产品按使用部门的要求进行下料。例如,对钢板进行剪板、切裁,将钢筋或圆钢裁制成毛坯,将木材加工成各种长度及大小的板、方等。集中下料可以优材优用、小材大用、合理套裁,有很好的技术经济效果。

(2)进行初级加工,方便用户

用量小或临时需要的使用单位,缺乏进行高效率初级加工的能力,流通加工可使使用单位省去进行初级加工的投资、设备及人力,从而搞活供应,方便用户。

目前发展较快的初级加工有将水泥加工成生混凝土、将原木或板方材加工成门窗、冷拉钢筋及冲制异型零件、钢板预处理、整形、打孔等加工。

(3)提高加工效率及设备利用率

由于建立集中加工点,因此企业可以采用效率高、技术先进、加工量大的专门机具和设备。

(三)流通加工合理化

1.流通加工合理化的概念

流通加工合理化是指实现流通加工的最优配置,不仅做到避免各种不合理,使流通加工有存在的价值,而且做到选择的最优化。

对是否设置流通加工环节,在什么地点设置,选择什么类型的加工,采用什么样的技术装备等问题,需要作出正确抉择。目前,国内在进行这方面合理化的考虑中已积累了一些经验,取得了一定成果。

2.实现流通加工合理化的措施

实现流通加工合理化主要考虑以下几方面。

(1)加工和配送结合

这是将流通加工设置在配送点,一方面按配送的需要进行加工,另一方面加工又是配送业务流程中分货、拣货、配货的一环,加工后的产品直接投入配货作业,这就无须单独设置一个加工的中间环节,使流通加工有别于独立的生产,从而使流通加工与中转流通巧妙地结合在一起。同时,由于配送之前有加工,可使配送服务水平大大提高。这是当前对流通加工做合理选择的重要形式,在煤炭、水泥等产品的流通中已表现出较大优势。

(2)加工和配套结合

在对配套要求较高的流通中,配套的主体来自各个生产单位,完全配套有时无法全部依靠现有的生产单位,进行适当流通加工,可以有效促成配套,大大提高流通的桥梁与纽带的作用。

(3)加工和合理运输结合

流通加工能有效衔接干线运输与支线运输,促进两种运输形式的合理化。将支线运输转干线运输或将干线运输转支线运输,这本来是必须停顿的环节,企业利用流通加工环节不进行一般的支转干或干转支,而是按干线运输或支线运输的合理要求进行适当加工,从而大大提高运输及运输转载水平。

(4)加工和合理商流结合

通过加工有效促进销售,使商流合理化,也是流通加工合理化的考虑方向之一。加工和配送的结合,通过加工提高了配送水平,强化了销售,是加工与合理商流相结合的一个成功的例证。此外,通过简单地改变包装加工,形成方便的购买量,通过组装加工解除用户使用前进行组装、调试的难处,都是有效促进商流的例子。

(5)加工和节约结合

节约能源、节约设备、节约人力、节约耗费是流通加工合理化的重要考虑因素,也是目前我国设置流通加工,考虑其合理化的较普遍形式。

对于流通加工合理化的最终判断,是看其是否能实现社会效益和企业效益,而且是否取得了最优效益。

第四章

互联网+背景下的物流企业及其转型

第一节 物流企业的互联网化发展

对于物流企业而言,要实现自身的互联网化发展与转型,首先要弄清楚物流转型的方向,然后再采取合适的互联网化策略。而转型策略具体到每一个物流企业中是不同的,下面主要讲述关于第三方物流、仓储型物流企业、园区型物流企业的互联网化转型策略,以便为不同的企业发展提供参考。

一、第三方物流的互联网化策略

近年来,关于第三方物流的相关话题在企业界不断地淡化,但是第三方物流却是实实在在得到了发展,成为物流业中一个重要的版块。现实中大多数物流企业都是在提供第三方物流服务,物流企业对第三方物流的社会经济职能认识理解得越深刻,对第三方物流服务的发展趋势了解得越透彻,就越能找准企业转型升级的方向。

(一)第三方物流的社会经济职能

第三方物流的社会经济职能有两个方面:一是基础职能,二是核心职能。基础职能是为制造企业及商贸企业提供物流服务;核心职能是统筹物流活动、物流资源,以更高的效率和更低的成本输出物流服务。

第三方物流是相对于第一方物流和第二方物流而言的。业内普遍认为,第一方物流(1PL)是指卖方组织的物流,第二方物流(2PL)是指买方组织的物流。如要更通俗地理解第一方和第二方,可以把第一方叫"发货方",把第二方看成"收货方"。第三方既不是商品的卖方(供应方)或发货方,也不是商品的买方(需求方)或最终的收货方,而是为第一方与第二方的商品交付提供物流服务的一方。现实中的很多物流活动,都是由第三方来组织、执行和输出物流服务,因而也叫第三方物流(3PL)。

物流企业在经营过程中,最难的问题就是找货。物流企业能否找到货源,则完全取决于制造企业或商贸企业是否需要物流企业的服务以及是否愿意把货物交给物流公司来管理或者承运。当然制造企业及商贸企业普遍需要第三方物流的服务,这就是物流企业存在的社会经济基础。

制造企业及商贸企业可以自行组织物流活动,同时也需要进行物流互联网化建设。之所以需要第三方物流,是因为第三方物流还有第二个职能,那就是统筹物流活动及统筹物流资源。

一些发展较好的物流企业,都在围绕第三方物流这两个职能来不断提升自己的经营管理能力。在基础职能方面,物流企业需要尽可能地提高自己的服务水平,提升自己的信誉和口碑,才会不断地获得新的客户和货源。在核心职能方面,物流企业需要不断地提高业务统筹能力,才能够提高运营效率、提高资源利用率及降低整体的运营成本。因而物流企业的互联网化建设也需要以强化其社会经济职能为落脚点。

(二)第三方物流服务的发展趋势

随着社会经济的发展,随着制造业及商业贸易的转型升级,第三方物流服务会越来越透明化。透明化服务至少有三个特点:数据化、个性化、系统化。

1.数据化

第三方物流服务越来越数据化,这是由整个社会经济发展趋势推动的。数据驱动经济、数据驱动物流,这必然会导致第三方物流服务越来越数据化。另外,每一个客户的个性化诉求都是通过数据来描述,个性化物流服务的输出过程也是需要数据来呈现。个性化服务的基础是物流企业与货主客户之间的透明,而只有数据化才能实现物流企业与货主客户的彼此透明,在数据化、透明化的基础上才能最终实现个性化。

2.个性化

第三方物流服务越来越个性化,这主要是由客户的诉求决定的。第三方物流直接面对的是制造企业或商贸企业,而每一个客户企业的商品类型、业务网络分布、服务诉求等方面都是不一样的,因而第三方物流在微观上绝对是个性化的。

3.系统化

从货主客户的角度来看,不管是制造企业还是商贸企业,都需要系统化的物流服务。系统化的物流服务有两个特点:一是服务过程及服务链条的完整性;二是与主营业务系统的协同性。以订单的商品交付为例,整个交货期的环节很多,需要经过出库、装车,中途还可能需要中转,然后送达目的城市,再分拣、配送直至收货人签收。这样的一个商品交付过程可能需要多个物流企业或多个业务执行角色主体来完成,但过程中的环节数量及执行角色数量不是重点,重点是需要实现按要求交付商品,需要实现对整个过程进行透明跟踪与监管。这就要求整个服务的组织是系统性的,才能确保服务链条的完整性。

同时,还要特别说明个性化、数据化、系统化以及透明化的关系,透明是个性化的前提。数据化是透明化的具体形式,用数据来体现透明。透明化要求能够掌握全局、全过程的完整信息,这就要能够系统化地输出服务并对整个系统进行数据采集。

(三)第三方物流企业互联网化的目标

从社会经济职能特点以及其升级的趋势来看,第三方物流企业的互联网化的目标需要重点强调这三个方面:提高物流服务质量管控能力;提高业务响应能力;提高资源统筹能力。

1.提高物流服务质量的管理能力

物流服务质量是赢得货主顾客信任的基础条件,物流企业只有不断提高物流服务质量才能立于不败之地。在物流服务同质化程度很高以及服务价格竞争激烈的当下,能够率先提升服务质量的企业自然能够获得竞争的优势。所以物流企业的互联化,需要以提升物流服务质量的管控能力为落脚点。只有服务质量提升,才能赢得更多的客户,获得更多的货源。

2.提升业务响应能力

货主客户对物流服务的需求是不断产生变化的,有时候是需求量发生的变化,有时候是类型发生了变化。

3.提升资源统筹能力

物流服务的质量需要不断地提升,业务响应能力也要不断提升,同时还要看物流企业对资源的驾驭统筹能力。要输出优质的服务需要以成本可控为前提,没有利润的优质服务是不可持续的。而对成本的控制则主要体现在对资源的驾驭和统筹上。只有通过提高资源的统筹能力,才能充分发挥资源的潜力,才能够掌控尽可能多的资源。也只有在掌控充足资源的情况下,才能随时响应客户的需求变化。

物流服务质量管控能力、业务响应能力、资源统筹能力是三位一体的,是构成物流企业核心竞争力的重要内容。物流企业的互联网化,最终是为了提升企业的核心竞争力。

二、仓储型物流企业的互联网化策略

仓储型物流企业是指具有仓库营业资质且为货主客户提供动产保管服务及相关延伸性服务的企业,其主营业务收入是动产保管费及其他延伸性服务的服务费。仓储企业要实现自身的互联网化转型,需要根据仓储业的职能属性特点,通过相关要素的透明连接,以最终实现企业经营管理能力的提升。

(一)仓储服务业的属性特征分析

仓储物流企业想要通过互联网化进行转型升级,实现做精、做强、做大,先要了解行业的属性特征,才可保证其正常运转,可以从仓储的功能、服务对象及服务内容、服务能力等方面来分析仓储服务业的属性。

1.仓储服务的两大功能

仓储服务有存储、集散两大基本功能。所谓存储指的是为商品提供储存的环境,提供储藏商品的过程服务,提供入库、出库、护理、搬运、装卸等服务,而集散是指提供商品流通上的集中和分散处理服务。

在实际的仓储活动中,存储与集散两大功能是紧密地衔接,甚至融合在一起的。至于存储功能多一些,还是集散功能多一些,这取决于商品的库存情况。商品的库存周期越长,存储功能越突出,反之则集散功能越突出,零库存的仓储则是以集散功能为主。季节性库存、储备性库存一般对应的是以存储功能为主的仓储,而中转型库存则一般对应以集散功能为主的仓储。

2.仓储服务对象及服务内容

从第三方物流的社会经济职能来看,仓储企业的服务对象是制造领域和商业贸易领域的货主客户,服务内容是生产制造及商品分销过程中货物存储及商品集散所涉及的相关服务。仓储活动与制造、商贸等经济活动紧密关联,仓储活动一般不能脱离生产制造及商品流通而独立存在。

在具体服务内容上,第三方仓储物流公司为货主客户提供的基础性服务有入库验收、存储过程管理、出库核对等,提供的延伸性服务有配送、库存预警、仓单质押等。

仓储服务对制造企业及商贸企业非常重要,现实中很多制造企业及商贸企业都自建仓库、自营仓储物流,只有当自有资源无法满足需求的时候才寻求第三方仓储物流公司提供服务,仓储物流企业要做精、做强、做大,还是需要从专业服务能力的提升上进行突破。

3.仓储服务能力要素分析

仓储服务能力的要素分为硬件、软件两个方面。硬件方面是指仓储基础设施,软件方面是仓储管理能力。仓储基础设施是仓储企业进行业务经营的基本条件。专业的仓储物流企业做不大,除了上述提到(制造企业及商贸企业自营仓储物流)的原因之外,另一个重要原因是仓储物流企业是重资产型企业。

而软件要素似乎更为关键,仓储管理能力决定了仓储服务能不能满足货主客户的需求。货主客户只有在第三方仓储企业的服务比其自营的更好以及把仓储物流外包出去比自营更合算的情况下,才会选择仓储物流企业的服务。而软件要素似乎更为关键,仓储管理能力决定了仓储服务能不能满足货主客户的需求。货主客户只有在第三方仓储企业的服务比其自营的更好以及把仓储物流外包出去比自营更合算的情况下,才会选择仓储物流企业的服务。

在仓储企业实力排行榜上,衡量指标是仓库面积(普通货物仓储)、仓库容积(冷冻品仓储)、储罐容积(危险品仓储)等,没有真正反映出企业的仓储服务能力。仓储管理能力体现在货物保管质量、入库及出库效率、订单接收及发运协同、仓库空间有效利用等方面。仓储物流企业互联网化的一个重要目标就是提高仓储管理能力,使仓储企业能够统筹好业务、统筹好资源、输出令货主客户满意的服务。

(二)仓储企业转型升级方向

随着互联网与制造业、商业贸易的进一步融合,随着社会化分工的进一步深入,仓储企业将朝着专业化、轻资产化、互联网化的方向转型升级。

1.专业化转型升级

掌握仓储基础设施资源的企业,只有实现专业化转型,才能够把仓储服务"做精"。仓储企业的专业化转型需要专业化的方面很多,包括基础设施专业化、流程专业化、服务专业化。

(1)基础设施专业化

基础设施专业化是指仓库、货架、装卸设备等硬件要素是专业的,以及相关布局是专业的。仓库的专业化与库存商品类型有很大关系。普通货物需要的是普通的阴凉库房,生鲜及冷冻商品需要的是冷库,石油、天然气等危险品需要的是储罐,各种类型的库房都有其专业化的标准。仓库的专业化还与仓库服务对象有很大的关系,为生产服务的生产资料仓库,为商品流通中转服务的中转仓储,为零售服务的零售仓库,各自都有不同的特点。货架的专业化也与商品类型有很大的关系,存放小商品的货架、存放大型家电的货架、存放服装的货架等都各有其特点。此外,传送带、叉车、托盘等工具也都是专业的。

仓储基础设施的布局需要是专业的。例如,装卸货月台的高度和宽度、库房里货架摆放的间距、库房的入口与出口的位置、存放及提取货物的路径等,都涉及非常专业的布局设计。总之,仓储基础设施的专业化涉及的面非常广,需要仓储企业用心钻研。

(2)流程专业化

流程专业化是指仓储服务流程需要是专业的。仓储服务及实际的仓储管理中,有很多细化的流程。例如,出库流程、入库流程、分拣流程、盘点流程等。流程越专业,则意味着仓储管理越规范、效率越高。专业化的流程不仅是标准化的,而且还是不断优化的。标准化强调流程的稳定性,而不断优化则体现对流程驾驭的专业能力。

（3）服务专业化

服务专业化是在基础设施专业化及流程专业化的基础上实现的。服务专业化首先体现为标准化服务,其次表现为个性化服务。标准化服务包含服务模式、服务流程的标准化以及服务内容的可量化。

而个性化服务则是基于标准化服务,为不同类型的细分客户群体提供高品质仓储服务。例如,冷冻品仓储服务、危化品仓储服务、医药仓储服务等。

2.轻资产化转型升级

仓储物流服务需要以仓储基础设施为依托,一般而言是重资产型的经营模式。也正是由于仓储物流的重资产属性,使得仓储企业难以发展壮大,所以必须进行轻资产化转型。

轻资产化转型就是充分合理利用社会化的仓储设施资源,与资源拥有方进行合作。轻资产化转型需要具备三项能力和一项资源,三项能力是指仓储设施规划设计能力、仓储业务经营管理能力、仓储资源统筹能力;一项资源是顾客资源,也可以叫作货源。

仓储企业接手社会化的仓储资源,一般先要对原有的仓储设施进行改造升级,这就涉及了仓储设施的规划设计。改造升级的最终目的是让资源运作起来,需要进行运营管理,所以需要有运营管理的能力。仓储企业需要吸纳很多的社会仓储资源,同时还需要充分利用好这些资源,这就涉及对仓储资源的统筹利用问题,需要有统筹的能力。

对仓储设施进行重新设计、运营、统筹,这些都以仓储服务业务为前提,以货源为前提。只要仓储企业能够源源不断地引来货主顾客,引来业务,就可以不断地吸纳社会化的仓储资源,从而实现轻资产化转型升级。

3.互联网化转型升级

仓储企业还需要进行互联网化的转型升级。一方面,专业化、轻资产化转型升级需要依托互联网化的辅助;另一方面,货主客户企业(生产企业、商贸企业)都在进行物流互联网化转型,这就要求仓储企业与货主客户进行有效的互联互通。

流程的专业化、服务的专业化,需要互联网化的辅助。专业化流程是需要不断优化的,而优化需要以流程数据为基础,因而需要对流程进行互联化才能够获得相关数据。服务的专业化,需要与货主客户进行良好的交互,需要推送服务数据,需要将整个服务过程透明化,这些都需要以互联网化为基础。

轻资产化需要以互联网化为基础。轻资产化的核心是帮助仓储资源所有方把资源运营起来,需要对仓储服务进行在线管控,需要通过数据把握仓储资源的状态。例如,需要把握仓库和货位空间、叉车的状态、托盘的周转情况等,这些需要以互联网化为基础。

仓储企业服务货主客户,难免需要进行系统对接,把仓储服务过程的数据推送给货主客户。从货主客户的角度来看,仓储企业的服务需要能够支撑其个性化的物流体系,这需要仓储企业具备互联网化的基础条件。

(三)仓储要素的透明连接

仓储企业进行互联网化的具体办法就是将仓储企业的相关物流要素进行透明连接。具体的相关要素包括仓、单、货、人、具等方面。

"仓"指的是仓库。仓储企业的互联网化,需要对仓库的要素进行透明连接。例如,需要对库区、货架、货位等进行编码,赋予身份,然后建立信息识别和信息传输的机制,实现对仓库要素的透明连接。有了仓库要素的透明连接,就可以实现对库区及货位空间进行统筹管理,促进仓库资源的高效利用。

"单"是指仓储业务的单据,主要是指入库单和出库单。入库单是货主客户将其持有的货物交付仓储公司进行保管时,仓储公司开给货主客户的凭证;而出库单则是货主客户提取货物时,需要交给仓储公司的凭证。出库单的货物种类需要与入库单的货物种类一致,出库单的货物数量不能大于入库单货物数量,入库单的货物数据减去出库单的货物数量等于仓储公司为货主客户代为保管的货物数量。

仓储业务单据的透明连接,目的是实现对单据流转的跟踪。寄存型的仓储服务,需要凭入库单直接提取货物。而流通型或中转型的仓储服务,入库与出库都是动态的,入库单更多地作为交接的凭证,而出库单有可能是来自销售订单或提货单。只有对单据进行跟踪,才能更好地把握库存周期,便于严格按"先进先出"原则处理库存货物。

只对业务单据进行跟踪还不够,还需要对货物进行跟踪。所以就需要对货物建立透明连接,目的是要识别货物的身份,并准确把握货物属于哪一批入库单、存放的货位、库存周期、护理情况等。

仓储企业中关于"人"的要素,一方面是指内部角色,指仓储服务流程上各个岗位的人员,包括出库员、护理员、装卸员等;另一方面是指外部角色,指业务流程上下游的相关单位。例如,上游的厂家、下游的经销商等。每一次出库、入库、护理、盘点、装货、卸货、分拣、包装等活动都对应有相关的人员。只有建立人的透明连接,才能够明确业务操作的责任主体。此外,建立人的透明连接,是为了方便沟通、协调,以提高业务的整体协同效率。

而"具"则是指仓储活动中所涉及的工具,包括叉车、拖车、托盘、升降机等。对仓储作业工具进行透明连接,以便于把握工具的状态,有利于统筹工具的管理,提高工具的利用率。

(四)互联网＋对仓储物流管理的探究

随着互联网时代发展,为了进一步做好仓储物流管理工作,应该重视依托互联网＋"技术,不断构建完善的仓储物流管理体系,以加强实践管理能力,从而进一步为相关工作开展奠定良好基础。

1.互联网＋技术在出入库管理中的应用

对互联网＋技术在出入库管理中主要有以下几个方面的应用:首先,是对入库物品详细信息的采集。入库操作人员要根据入库的清单对入库产品进行清点核对,收到的信息和进货清单一致后,将其转接给仓库操作人员,仓库操作人员在通过自动识别设备将入库物品的详细信息输入到管理系统中,并对其进行库位的分配,使运货路线更加具体,最后再使用自动搬运装置将产品运输到系统所分配的货位上。一旦货物信息和进货清单出现不符的情况,系统会通过警报的方式进行提醒,仓库物流操作人员在听到警报后可以拒绝产品的入口。通过互联网系统的实际应用,可以根据录入货物的详细信息自动生成库存报表,库存报表中将产品入库的详细信息进行记录,最后,货品的出库和入库的信息采集流程基本一致,仓库物流管理人员在收到订单详情后,物流管理系统会发出相应的通知,同时物流管理系统会通过订单的详情按照产品货位的具体信息生成清单,相关工作人员再根据清单对其进行查找,一般在仓库的出库口都有货物读写器,可以将货物上的电子标签进行读写,通过读取的电子信息和物流管理系统的订单数据进行核对,如果没问题就会进行自动出库,如果有差异,系统也会发出警报,操作人员听到警报后对其进行处理。就目前我国很多工厂内,都已经使用互联网搭建相关的平台,根据互联网数据的反馈和生产车间之间搭建平台,使其在第一时间内对问题进行解决,大幅缩短解决问题的时间,给出入库工作提供了极大的帮助。

2. 互联网＋技术在企业存货、库存量以及盘点中的运用

互联网＋技术在企业存货以及库存量盘点时,首先需要将互联网应用到仓库物流管理系统中,将货品和货位进行定位,达到快速识别的目的,例如在目前仓库物流管理系统中无线射频识别技术的应用;其次因为要定期对仓库库存容量进行核查控制等,所以要将互联网分为多层级的库存管理模式,这样可以将库存货物的具体数据信息采编到库存管理系统中,使仓库库存量信息得到完善;再次是通过多方位对库存进行盘点,这一环节也是仓库物流管理中重要的一个环节,因为在实际盘点的过程中会涉及相关产品的详细信息,如仓库货品的名称、数量等,工作量相对较大;最后是通过物联网技术对货品的标签进行识别扫描,射频识别设备会将产品详细信息进行扫描然后传输到仓库管理系统中,使产品在仓库系统中进行更新,完成盘点工作。在盘点工作的整个过程中,有效地应用互联网＋技术,可以有效提高盘点工作的效率和质量,保证盘点结果的准确性。

3. 互联网＋技术在库存管理中的应用

将互联网＋技术应用到库存管理中,主要是对仓库之间货物的转移

进行管理,因为货物在转移时,不但会将货品的位置进行改变,还会改变货品的数量,而通过对互联网＋技术的应用,可以有效利用仓库空间,减少仓库物流管理的投入,对货物的运输提供便利。互联网＋技术可以对仓库中货物进行准确的定位,同时还能对货物进行实时跟踪,这样就能让相关工作人员对货品的库位和摆放情况进行掌握,根据运输的具体情况进行适当的调整。另外,互联网＋技术应用到库存管理中还有一个重要的作用,就是让仓库管理和仓库库存货物保持数量、位置的一致,在仓库货物转移中,实现货物机械化和智能化,通过仓库管理系统对智能搬运机械发出相应的制定,在智能搬运机收到制定后,按照系统内制定的程序对货物进行搬运和摆放。

4. 移动物流 app 技术,助推智慧物流建立全新商业模式

互联网＋技术在不断推进,科学技术的发展使移动 4g、5g 技术进行普及,移动物流 app 技术的出现使物流产品迈向新的时代。在移动互联网和智能设备普及的背景下,为智能物流提供了用户基础,简单来说,就是人们可以通过智能手机或者其他智能设备,随时随地对自己邮寄的货物进行查询,为人们提供更加优质的服务,另外,移动物流 app 技术还能直接将客户和物流企业进行连接,客户在需要物流服务时,可以不用直接到物流公司办理,通过移动物流 app,就可以实现上门邮寄的服务,移动物流 app 还为快递员提供了便利,通过 app 可以了解自己归属片区邮寄的货物,直接将这些货物送到客户手上,降低物流公司的运营成本,提高运营效率。移动物流 app 技术还为客户和物流企业之间建立沟通的桥梁,客户可以在 app 上对物流服务等方面进行反馈,物流公司在收到反馈后可以与客户进行交流,从而提升物流企业的服务,为客户提供更好的服务,也为物流企业自身的发展奠定扎实的基础。

三、园区型物流企业的互联网化策略

所谓园区型物流企业是指面向物流企业以提供经营场所租赁、仓库租赁、停车服务、物业服务等为主营业务的企业。互联网化或智能化是物流园区发展的大方向。而升级之路依旧是通过透明连接实现物流园区的

互联网化。

(一)物流园区的职能分析

物流园区支撑整个物流业的运行,是重要的基础设施,其核心职能是为了货物的集散、中转以及装运提供场所。但具体到不同类型的物流园区,其具体的功能和作用会有所不同。主流的物流园区类型至少包含以下七种。

1.分销中转商贸区

分销中转商贸区俗称"商贸物流园"。商贸物流园是以商品的批发中转贸易为主体,通常是某种大类商品(如建材、纺织、电器、家具等)批发经营的聚集地。由于有货物的流动,进而吸引了第三方物流企业入驻。商贸物流园中或周边会聚集很多零担企业的收货网点,专门为园区内商户的商品分销提供物流服务。

2.仓库租赁集中区

仓库租赁集中区俗称"仓储物流园"。仓储物流园一般是把仓库盖好了,然后租给物流企业、制造企业或商贸企业的仓库聚集区。经营"仓储物流园"的企业不属于仓储型物流企业,而应该属于园区型物流企业,因为这些企业拥有仓库的所有权并且提供仓库租赁和园区物业服务。

3.专线货代聚集区

专线货代聚集区也就是"货运信息部"的聚集区。货运信息部,只需要一个门店,几部电话,就可以投入运营。货运信息部提供车找货及货找车的中介服务,根据自己掌握的货源和熟车圈撮合运力交易。中小型制造企业及商贸企业有发整车货物的需要,对整车运力有需求,因而需要货运信息部帮忙找车。专线货代聚集区,实际上成为运力交易的集中市场,同时还成为货运车辆的停车场。

4.综合保税区

进出口商品必须经过海关的登记、检查,因而需要专门的场所即综合保税区来监管商品的进出口流通。所以,保税区也客观上成了货物中转、集散、装运的场所。

5.多式联运枢纽区

多式联运的枢纽园区是普遍存在的,例如,航空货站、海运港口、河运港口、铁路货站等。这些园区为不同类型运输方式的交接提供场所,客观上成了货物中转、集散、装运的场所。

6.零担货物集散区

零担物流需要对货物进行集中和分拣处理,所以需要专门的场所。实际上零担物流及快递企业的分拨中心都属于这一类型的物流园区。有的是一个分拨中心就是一个园区,有的是多个零担企业聚集在一个园区中。

7.货运公路港服务区

货运公路港服务区,是"豪华版"的"专线货代聚集区",简称公路港。公路港与专线货代聚集区的不同在于,停车场更加标准,货代门面装修更加精致,餐饮、住宿服务的基础设施条件更好,会配套有加油站、汽车维修站等。

此外,"商贸物流园"更多地会转型为"物流园"。商业贸易的渠道压缩是必然趋势,以批发贸易为主业的各类商贸城存在转型的压力。其转型的方向就是把商贸城打造成为商品分销过程中货物集散、中转、装运的基地,其物流方面的职能会越来越得到凸显。

(二)物流园区服务升级的方向

物流园区的服务升级有两方面的事情可以做:一是提高物业服务水平;二是打造园区范围内的资源分享平台。

1.升级物流园区物业服务

物流园区需要把主要精力投入在物业服务上,给入驻园区的物流公司提供美好的工作环境。而服务升级具体有水电、卫生、安全、停车等方面。物流园区的车多、货多、人多,来来往往,需要加强管理,才能提高物业服务质量。

物流园区物业服务升级可以做的点很多。例如,如何安排好园区内的停车,以及车辆进出的秩序,如何保障物流园区的货物安全,要做好防火、防潮等保障性服务。

2.打造园区资源分享平台

物流园区内,有很多资源是可以共享或者分享的,而且需要基于平等自愿的交易原则。物流园区可以打造一个资源分享及交易平台,使得园区内的第三方物流企业能够分享自己的资源,以提高叉车、托盘等工具的利用率。

园区企业还可以打造货源分享平台。一个园区内可能有三五个物流企业都在经营同一条专线,这些企业彼此之间是竞争的关系。园区企业作为独立的第三方,可以促成这些企业的合作,把各自的货源都集中起来,更容易凑成整车,实现规模经济效益。这实际上是实现"专线联盟"的一条可行路径。

园区企业还可以打造"共仓共配"平台。入驻园区的物流企业,总是有多余的货位,总是有暂时闲置的运力,把这些资源统筹起来,就可实现资源分享,提高资源的利用率。而"共仓共配"则是物流企业之间进行深度的资源分享,基于各自的业务、流程进行统筹,以实现资源利用率的最大化。园区企业相对园区内的物流公司而言,是独立的第三方,更加便于组织"共仓共配"的平台模式。

(三)物流园区的透明连接

园区型物流企业的互联网化,其目的就是提升园区的服务能力,需要通过建立相关要素的"透明连接"来实现。重点是围绕物业服务和物流资源共享来建立相关要素的透明连接。

1.物业要素的透明连接

所谓数字化物流园区或智能化物流园区,就是把物业的相关要素进行透明连接,从而实现整个园区运营的数字化及智能化运营。

以物流园区的停车场智能管理为例,园区共有多少个停车位,各种车型的停车位有多少,目前空余停车位的分布如何,一辆车驶入园区,应该停在哪个位置或者哪些停车位是专属于哪个物流公司的,这些停车位能不能临时借用给其他物流公司停放车辆,围绕园区的停车管理服务建立相关要素的透明连接,就可以实现停车管理的智能化。

当然园区物业服务还有很多,只要围绕相关服务建立相关要素的透明连接,就可以实现数字化和智能化的管理。

2.物流资源要素的透明连接

要促进园区内物流企业之间的资源共享,前提是建立这些资源要素的透明连接。在一些物流园区中,有专门提供叉车租赁服务或者利用叉车来提供装卸服务。怎么把叉车的资源进行统筹和利用好,这是园区企业进行互联化升级可以突破的点。

而关于打造园区范围内的"专线联盟平台"或"共仓共配"平台,需要建立更大范围及更广泛的透明连接。"专线联盟平台"需要将专线的货源、运力等方面的相关要素进行透明连接。而"共仓共配平台"则需要把仓库、运力、配送计划等方面的相关要素进行透明连接。

总之,园区型物流企业需要通过围绕园区服务来建立相关要素的透明连接,从而实现物流园区的互联网化,即实现物流园区的数字化及智能化。

第二节　物流园区的建设与规划运营

近年来,物流产业在我国发展势头迅猛,并在全国各地带动了一批物流园区的建设。由于物流园区的建设仍然是我国新兴产业之一,考虑相关企业运作、市场规范、发展技术等方面仍然不成熟,因此,物流园区的建设需要从以下几个方面来进行探讨。

一、物流园区的建设路径与评价

(一)物流园区总体规划的目标

1.集聚物流企业,实现规模化运营

作为物流活动集中进行的场所,物流园区具有很强的集聚功能,通过物流运营实体的集聚,减少了货物无效转运、装卸和处理流程,缩短了物流作业时间,大大提高了物流效率。对于周边商贸、制造企业以及入驻企业而言,规模化的物流运营也进一步降低了其物流运作成本,为企业争取更多利润空间,从而获得市场竞争优势。一些物流园区定位明确、服务意识好、配套设施齐全,吸引了众多周边企业入驻,形成了车水马龙的良好态势,成为示范性园区。

2.加强城市的基础设施建设

通过建立物流园区,形成新的城市功能区,可以对城市进行科学布

局,完善城市功能,从而合理配置城市产业,提升城市服务能力,改善城市人居条件,集中利用且改善一些数量物流资源(如仓库、站场、营业网点等),可以提高物流资源利用率。

3.节约土地资源,优化城市布局

物流园区的建立可以将众多企业积聚到城市郊区,从而优化城市宏观布局。同时,建设物流园区,使仓储设施相对集中,将大大节约土地占用。我国目前物流园区的建设大多依托于城市郊区交通枢纽、港口、码头以及铁路货运中心等地,大大缓解了城市的发展压力。

4.改善交通状况,减轻道路压力

物流园区的建设可以实现对物流车辆的统一控制和管理,提高车辆的满载率和合理安排回程运输,缓解城市交通压力。传统的运输分散化运营,货运信息不畅通,各自为战,导致汽车运输空载率较高,形成资源浪费。物流园区的建设,通过信息化系统为供需双方搭建平台,实现信息共享,发挥整体优势,大大提高货运运载率,也进而改善了道路压力和交通情况,具有很好的社会效益。

5.减轻环境污染

物流园区多建设于城市郊区,对车辆进行集中运营和管理,可减少汽车废气的排放和对中心城区的噪声污染,实现废物集中处理和用地结构的调整,减轻企业对周边环境的污染。

6.带动区域经济发展

而物流园区的出现通过企业空间集聚、资源有效整合,解决了供需之间的匹配问题,促进了商贸流通,提升了物流服务能力和服务水平,从而带动了区域经济发展。物流园区为周边众多的商贸、制造等相关企业提供一体化的物流服务,大大带活了区域相关产业的发展,同时自身成长为区域的龙头企业,为当地经济创收作出巨大贡献。

物流园区的存在可以提高城市与外界的经济交往能力,使城市与外界的物流实现一定程度的集中化和规模化,促进物流能力的提升,扩大经济联系,降低物流成本。物流园区的建立使城市各产业的物流需求有所依靠,能提高物流服务能力和水平,对城市各产业的发展都起到支持作用。

物流园区的建立能提高城市物流的现代化水平,进而提升整个城市的现代化水平。物流园区建设的规模化、科学化、技术化都促使物流产业的现代化,从而提升了整个城市的现代化水平。

(二)物流园区需求分析

物流园区需求分析在物流园区的建设和规划以及运行中是非常重要的,通过分析需求的影响因素和内容以及物流需求分析和预测的方法、模型等内容,可以对物流园区需求分析有进一步的认识。

1.物流园区需求分析的重要性

物流园区需求分析的目的在于为物流园区建设提供物流能力供给,不断满足物流需求的依据,以保证物流服务的供给与需求之间的相对平衡,使社会物流活动保持较高的效率与效益。有效的需求分析,将有利于合理规划,能有效引导投资,使物流园区建设能多一份收益。

(1)物流需求分析是规划建设物流园区的前提

物流园区是物流业发展到一定阶段的产物。在规划建设物流园区时,必须结合当地的经济发展状况及该地区的产业发展状况,这样才能对该区域的物流需求内容和规模有一个比较全面的把握,以便于对物流园区进行合理的定位。只有充分考虑当地的产业和经济发展状况,才能使规划出来的物流园区所提供的服务与经济社会和产业发展相匹配,使其提供的物流服务规模和质量与当地的需求和经济发展水平相一致。因此,在规划建设物流园区的过程中,必须对当地的经济发展水平和产业发展状况有充分的了解。

(2)物流需求分析是规划建设物流园区的依据

通过全面的物流需求分析,可以充分把握物流需求的内容和变化趋势。因此,可以对物流园区进行合理的规模规划、功能规划和合理的物流供给,尽量保证物流供给和物流需求达到相对平衡,并提高物流运作效率,降低物流成本。

(3)物流需求分析是确定物流园区能力供给的基础

进行全面地物流需求分析,有利于合理地规划建设物流园区,从而保证物流园区规划建设的合理化。

2.影响需求的因素

物流园区主要集中于物资流通集中的城市、枢纽以及口岸等区域,是一个投资大、回收期长的项目。因此,首先必须对影响园区需求的因素进行充分分析,确保物流园区需求预测的科学性与合理性。一般情况下,影响物流园区需求的主要因素包括以下几个方面。

(1)区位因素

区位条件是物流园区必须具备的基本经济地理位置条件。从区域经济和区域物流系统层次分析,物流园区与区域物流活动紧密相关。因此,物流园区的需求必然会体现区域经济地理的特色。此外,从区域角度来看,规划中的物流园区应尽可能选择靠近服务区域中经济发展与未来增长的中心位置上,充分利用城市、枢纽或者口岸的经济、交通优势和物流组织条件,为未来园区的需求提供支撑。

(2)区域经济发展水平

区域间存在的经济发展空间差异与互补性是区域物流产生的最直接的原因,以中心城市、枢纽或者口岸为核心构筑的物流园区,与区域经济发展相互依存,是区域经济专业化分工与协作在空间上的反映。物流园区不仅自身是一个相互联系的系统,而且还是城市或者区域经济大系统中的一个子系统。区域经济系统是一个与外部环境联系紧密的开放系统,相互之间存在着大量的原材料、产成品、信息、资金、人员等要素的流动。同时,区域经济系统又是一个非平衡的复杂系统,这就意味着区域内的主导产业具有比较优势,区域内可以按照地域分工与合作的原则形成能发挥区域优势的产业结构与布局,形成大、中、小相结合的企业群体和不同分工、多层次的居住群体。可见,良好的区域经济发展环境能够产生大规模的物流需求,并且能为物流园区的发展创造良好的经济布局和分工条件。因此,从区域经济发展的角度综合分析对物流园区需求产生的影响具有很高的合理性,进而能够使园区的规划更符合区域经济发展的实际。

（3）物流货运需求

区域物流货运需求是物流园区需求的直接表现，也是进行需求预测的主要依据。物流货运需求的产生、发展与经济社会发展基础、物流设施规模、能力和规划情况以及物流量的流动情况等密切相关。通常情况下，影响物流货运需求的指标包括经济和贸易规模、产业结构及主要工农业品产量、社会消费市场规模及结构、物流运输方式和流量流向、现有物流网络和物流节点分布等。

（4）物流运作基础

物流运作基础是形成物流园区需求规模的保障，包括交通运输、仓储、信息、包装以及流通加工、外贸通关等多方面的综合性物流资源条件。从物流园区所承担的功能看，物流园区必须具备相应的软硬件条件，如物流园区所在区域具有的产业基础、政策法规体系、交通条件、土地市政等基础设施以及技术发展水平和专业人才基础条件等，这些条件也是影响和衡量物流园区需求的重要参考依据。

（三）物流园区选址

1.物流园区选址的含义

物流管理可以从三个层面进行开展，即决策层、管理层和操作层。选址决策无疑是决策层面的研究问题，在整个物流体系中有着非常重要的作用。

物流园区的选址是指在一个具有若干需求点和供应点的经济区域范围内，选择一个合适的地址进行园区建设的规划过程。一般来讲，较好的物流园区选址方案是使货物流入园区、汇集、中转、分拨、流出园区，直到需求点的全过程的效率最好、效益最好。

物流园区选址的焦点集中在物流园区的数目、规模和位置上。选址典型的管理问题包括应该建设几个物流园区，它们应该坐落在何处，每个物流园区的规模应该是多少，每个物流园区应该服务于哪些客户或者市场，每个物流园区内应该存储哪些产品线，每个物流园区应该有哪些设施。

2.物流园区选址的目标

在进行物流园区选址决策前,要确定物流园区选址的目标,之后才能指导后续的决策工作。一般认为,物流园区的选址有成本最小化、物流量最大化、服务最优化和发展潜力最大化四个目标。

(1)成本最小化

物流园区选址决策最常用的目标就是成本最小化,而相关的成本主要有以下几方面。

①土地成本

选址地点直接决定取得土地使用权的费用,在租赁的形式下,土地成本体现在租金上。

②运输成本

运输成本取决于距离和单价,距离直接由选址地点决定,而单价取决于选址地点的交通条件。

③库存成本

选址地点的分布决定了物流系统的分配,影响了其库存成本。

建立物流园区,将区域和网络的资源进行整合,实现规模化采购,获得更多折扣优惠。同时,实现集中仓储,使运输实现规模化,扩大多品种货物配送范围,通过协同配送降低运输费用,减少土地购买费、建设费、机器设备费、人力费用等物流园区经费,从而减少物流总成本。

(2)物流量最大化

反映物流园区作业能力最直接的指标就是物流量,物流量受周围的商业企业以及物流企业的数量和规模的影响。因此,物流园区的选址要充分考虑各种影响因素,使得物流园区的能力得到充分利用。

(3)服务最优化

在日趋激烈的竞争环境中,作为提供专业物流服务的物流园区,必须适应客户的多品种、小批量、多频率、短时间的需求。为客户提供快速高效的物流服务是物流园区的利润源泉,与物流园区的选址决策直接相关的服务指标主要有速度和准时率。一般情况下,物流园区与客户距离近,则送货速度快,订货周期短;而周期越短,准时率越高。

（4）发展潜力最大化

进行物流园区选址决策时，不能仅考虑现有市场条件下的成本、服务目标，还要考虑未来可能的发展潜力，这样才能有利于物流园区的可持续发展。因此，发展潜力最大化也应该作为物流园区选址的目标之一。

这四个目标之间并不是孤立的，它们之间有着密切的联系。

发展潜力最大化是物流量最大化和服务最优化的前提保证，而物流量最大化是成本最小化的一个重要条件。服务最优化和成本最小化有时是矛盾的，服务的优化必然导致成本的相应提高。因此，在现实的决策中，企业应该根据自身情况，寻找两个目标的契合点，这样才能保证物流园区的持续竞争力。

3.物流园区选址的意义

物流园区不仅是各种物流功能的集结地，而且是各种物流功能场所、各种物流设施设备的集中地，一旦建成将很难进行迁移，如果选址决策不当，不但占用大量城市土地，而且对社会物流和企业经营具有长期的影响。因此，对物流园区的选址决策必须进行详细的论证。无论是物流园区的规划，还是整个物流网络的建设，选址占据着十分重要的地位。

总之，物流园区的选址重要性大、涉及面广，是一个复杂的系统工程，必须有一个明确、详细的总体规划，从空间和时间上，对物流园区的新建、改建和扩建进行全面系统的规划论证。规划得合理与否，对物流园区的设计、施工与应用，对其作业质量、安全、作业效率和保证供应，对节省投资和运用费用等，都会产生直接和深远的影响。

（四）物流园区布局设计

1.物流园区布局的目标

对物流园区的合理布局设计是非常重要的。根据物流园区规划的总目标，具体包括以下七个目标：①最佳的工艺流程。符合物流园区流程操作工艺过程的要求，保证工艺流程畅通，获得工艺流程时间短，连续效果好。②最大限度地减少物料搬运。要便于货品的输入，物料搬运路线尽量便捷，缩短各功能区间的距离。③最有效的空间利用率。要使各场地达到适当的建筑占地系数（即建筑物、构筑物占地面积与场地总面积的比率），使建筑物内部设备的占有空间和单位制品的占有空间最小。④保持生产和安排的柔性。使园区可以适应服务需求的变化、设备的更新及扩大生产能力的需要。⑤最舒适的作业环境。为员工提供方便、安全、舒适的作业环境,尽量满足员工所需,为提高生产效率和保证员工身心健康创造良好的条件。⑥最便捷的管理。适应组织结构的合理化和管理的方便,使有密切关系或性质相近的作业单位布置在一个区域并就近布置。⑦力求投资最低。要使园区所需的设备投资最小,提高资金的利用率。

2.物流园区布局的原则

物流园区布局包括以下几项原则:一是要坚持物流需求为导向;二是要坚持与综合交通运输网络相配套;三是要坚持与相关规划和现有设施相衔接;四是要充分考虑功能定位。

一个特定的物流园区所需要的服务功能,应该以市场需求分析为基础,以该园区所在地的现有物流资源和设施的整合、优化为依托,在明确其产业和物流服务对象、服务内容及服务方式的基础上,通过调查所需的服务需求功能,结合一定的原则来确定。

服务功能区域的确定对产业区的规划具有决定性意义,一方面,确定功能区域也就大体确定了物流园区的内部总体结构。另一方面,功能区域是园区内部布局的基本空间单元,主要有三个方面的内容:一是确定功能区域的数目;二是确定功能区域的类型、承担功能、主要服务对象;三是确定功能区域内部的细部组成和相互关系等。基本方法是将功能类型相同或相近的各个单一服务功能进行归并整合为一个功能区域,即可得到所需的功能区数目和类型。

3.物流园区布局的特点

物流园区功能区内部的规划应以企业为主体,物流园区包含多种基本业务功能,进行功能组合形成多种功能分区,如仓储中心、加工中心、配送中心、物流中心、公铁联运中心、公路集散中心、港铁联运中心等,为完成各种功能各功能分区需要布局完成各种作业的设施设备,为优化物流园区的作业流程,提高物流园区的作业效率,物流园区的场地分配与设施设备布局必须满足易于管理、提高经济效益以及对作业量的变化和物品形状变化能灵活适应等要求。在物流园区规划设计的初期,因为经营主体的不确定性,进行过细的设施规划是不现实也是不适用的。

物流园区功能布局与物流中心和一般工业企业设施规划相比具有不同特征。

一是相对于物流中心,物流园区具有多企业聚合性,功能区域之间各类活动关系较为复杂,其内部不但具有单个企业的作业流程链,而且有企业间业务流程交叉,在进行物流园区功能布局时应综合考虑各种关系的影响。在物流园区功能分区布局规划的研究中,各功能分区及设施之间的联系包括物流、人际、工作事务、行政事务等活动。

二是相对于工厂设施规划,物流园区功能区域布局是一种更宏观的空间规划,应用一种策略化、结构化、系统化的方法进行规划。微观空间布置(最大单位一般是工厂)的研究,把选址区域作为一张“白纸”,不考虑内部的地理障碍、干线道路等对区域的分割,也没有考虑周边区域与其内部区域的活动关系要求。物流园区是个相对宏观的空间,尤其与交通设施存在着非常密切的关系,因此必须考虑交通因素,内部的区块与交通设施的关系并不是均匀的。物流园区功能区域的布置受到交通系统的约束。

总的来说,与一般的设备布局和车间布局不同,物流园区功能区布局规划面积更大,内部交通系统的设计更为复杂,受周边设施情况的影响更加明显,内外部交通设施的衔接也更为重要。

(五)物流园区环境影响评价

环境影响评价是对规划和建设项目实施后可能造成的环境影响进行分析、预测和评估,提出预防环境影响的对策和措施,进行跟踪监测的方法和制度。简而言之,就是分析项目建成投产后可能对环境产生的影响,并提出污染防治对策和措施。

1. 物流园区环境影响评价概念体系

物流园区环境影响评价概念体系主要包括以下几个方面:①环境影响评价对象。物流园区环境影响评价对象即区域或者城市发展规划和建设的物流园区项目。②环境影响评价实施主体。物流园区环境影响评价实施的主体是具有评价资质的专业建设项目环境影响评价单位。评价资质主要有两级,即甲级和乙级。③环境影响评价的目的。通过分析、预测和评估物流园区在实施后可能造成的环境影响,鼓励在规划和决策中考虑环境因素,最终达成更具环境相容性的人类活动。

2.物流园区环境影响评价分类

(1)按照对象分类

①建设项目环境影响评价

建设项目环境影响评价,广义上指对拟建园区项目可能造成的环境影响(包括环境污染和生态破坏,也包括对环境的有利影响)进行分析、论证的全过程,并在此基础上提出采取的防治措施和对策;狭义上指对拟建中的园区建设项目在兴建前即可行性研究阶段,对其选址、设计、施工等过程,特别是运营和生产阶段可能带来的环境影响进行预测和分析,提出相应的防治措施,为项目选址、设计及建成投产后的环境管理提供科学依据。

②规划环境影响评价

规划环境影响评价是对园区规划和建设项目实施后可能造成的环境影响进行分析、预测和评估,提出预防或者减轻不良环境影响的对策和措施,制定进行跟踪监测的方法与制度。规划环境影响评价实质上属于战略环境影响评价,具有一定的前瞻性。

③战略环境影响评价

战略环境影响评价是在生态学规律和理论战略层次上,对法规、政策、计划、规划及各种替代方案的环境影响进行规范、综合评价的过程。

(2)按照环境要素分类

①大气环境影响评价

大气环境影响评价是对项目实施所引起的大气环境影响的程度、范围和概率进行分析、预测和评估,通过适当的评价手段和模型计算,分析园区建设项目在建设施工期和建成后的运营期内排放的主要气体污染物对大气环境可能带来的影响程度和范围,为优化选址、制定大气污染防治措施、确定污染源设置等提供决策依据,为环保工程设计提供指导。

②水环境影响评价

水环境影响评价是通过一定的方法,确定园区建设项目或开发行动耗用的水资源量和环境供给水平以及排放的主要污染物对周围环境可能造成的影响范围和程度,提出减轻影响的对策,为物流园区建设项目或开发行动方案的优化决策提供科学的依据。

③噪声环境影响评价

噪声环境影响评价是在噪声源分析、背景噪声测量和敏感目标调查的基础上,对物流园区建设项目产生的噪声预测其可能的影响范围、程度和影响人口情况,结合相应的标准,提出相应防治对策措施的过程。

3.物流园区环境影响评价的重要性

(1)为物流园区的规划、建设活动的决策提供科学依据

物流园区占地规模巨大,功能区域较多,在规划建设中涉及的多个环节对自然环境会产生相应的影响。因此,环境影响评价对园区规划建设环节的决策提供依据,保证园区与自然环境的和谐发展,符合创建环境友好型社会和科学发展的要求。

(2)为物流园区的合理布局提供科学依据

环境影响评价针对园区建设可能对周边环境造成的污染进行预测,并指导园区进行合理的布局。

(3)为物流园区制定环境保护对策和进行科学的环境管理提供依据

环境影响评价针对物流园区建成后可能对环境产生的影响进行分析、预测和评估,在充分收集信息的基础上,可以对园区环境保护政策的制定提供参考,有利于园区对环境进行科学化的管理。

二、互联网＋时代物流园区的战略规划与运营

互联网＋时代的物流园区是以物流的信息化平台作为纽带与依托,在物流信息化平台支撑的基础上为物流团构建新的战略规划与运营服务模式,通过对有形资源以及无形资源的整合,提供各种增值服务,创新服务模式。因此,非常有必要对互联网＋时代物流园区的战略规划与运营

进行深入的探讨。

(一)完善互联网＋时代物流园区战略规划与运营的重要性

物流园区把众多的物流企业集聚在一块,实行规模化和专业化经营,并发挥其整体优势,促使物流技术以及服务水平不断提高,通过共享相关的设施,以降低运营的成本,提高其规模效益,其本质是有着一定规模以及综合服务功能的众多物流企业的一个集结点。物流园区作为城市物流的功能区,其包括配送中心、物流中心、运输枢纽设施、物流信息中心、运输组织与管理中心以及为适应城市中物流管理和运作所需要的各种物流基础设施。作为一个经济功能区,物流园区的主要作用是使城市居民的消费以及就近生产或者区域生产的组织所需的企业生产与经营活动得到满足。现代物流业已对人们的生活生产带来了极其重要的影响,物流园区的建设与发展已成为地方经济建设的一个重要环节。

1.有利于整合和共享物流信息资源

物流的服务质量受本身各个环节以及市场状况、交通状况等诸多环境因素的影响与制约,因此,物流企业必须全面了解并且动态跟踪这些信息。将物流园区的战略规划与运营和现代信息技术相结合,可将物流信息资源进行有效整合,完成平台之间数据的实时交换,实现物流信息资源的深度整合和共享,从而使物流资源的利用效率得到全面提升,发挥物流园区信息平台的重要作用,为最大限度地开发和利用物流资源提供完善的数据平台。

2.有利于匹配和优化社会物流资源

通过利用物流园区的信息平台整合和共享物流信息资源,可实现对社会物流资源的重组,使社会闲置物流资源得到有效整合,并进一步提高了社会物流资源的有效利用,实现了对物流运作系统的优化,降低了物流运行成本,实现了物流园区的规模经济效益,从而使物流产业和整体规模与发展能力得到有效提升。

3.有利于发展电子商务物流

从战略角度对物流园区进行规划与设计,能够从整体上把握住物流园区发展的方向,实现科学化运营,将在整体上提升物流服务的水平,有利于实现物流产业与电子商务系统的对接,形成一种创新的发展模式,从而推动电子商务物流的发展。

(二)互联网＋时代物流园区战略规划的功能

1.实现物流信息高度集成共享的功能

在互联网＋的时代背景下,充分利用现代信息技术,可实现物流园区物流信息资源高度集成与共享的功能。将物流信息资源进行高度集成,建立物流资源匹配平台,推动了物流行业大数据资源的整合,消除了信息不对称,并提高了物流行业的透明度,在整体上提升了物流园区物流资源的利用率。建立并完善区域化物流服务网络,形成以城市为中心,并辐射周边的现代物流服务体系,促进跨区域和跨国界的行业交流以及合作,为物流信息共享与资源互联提供了系统驱动,从而实现物流资源的高效匹配,大大降低物流成本。

2.搭建物流资源深度整合平台的功能

以物流园区作为载体,实现对物流园区的功能组合,构建一个综合功能全面、服务功能完善物流园区的服务综合体,以此来形成物流园区的管理模式规模发展,从而实现科学、统一和规范的管理调动,并发挥物流园区应有的作用。物流资源的整合是物流的发展趋势,使标准化物流、物流网络以及多层次的客户服务物流体系实现有效统一。对物流进行整合可构建物流信息资源互通共享的体系,发挥出互联网信息的聚集优势,聚合各种物流信息与资源。搭建物流信息平台,对仓储、运输、包装、配送信息进行整合,实现物流资源的优化配置。

(三)互联网＋时代物流园区战略规划与运营的有效路径

1.完善物流园区与运费制度,加快政府管理服务职能转变

目前,我国物流园区是在政府主导下的重要项目,政府必须注重建设与完善各项管理机制,加强前期对物流园区的战略规划进行科学论证,加强科学运营,把物流园区的战略规划与运营管理纳入当地经济发展整体布局中。在政府的参与引导下,鼓励物流企业积极应用大数据、移动互联

网、云计算等先进的信息技术,实现物流园区经营模式的创新。

2.加大物流园区基础设施建设力度,满足现代商品流通

市场物流需求应明确政府的主体地位,充分发挥出政府在投资上的引导作用,加强物流园区基础设施的建设力度,并满足商品流通对于物流产业的发展需求。物流园区作为物流产业的集结点,是物流网络的重要节点,也是从事物流活动时重要的基础设施。物流园区的建设是项基础事业,有效地优化了物流资源配置,有利于实现规模经济效益,提升物流企业的竞争力。但是物流园区的建设具有投资规模大、回报周期长的特点,因此,应以政府作为主体,对物流园区的功能进行规划,提供资金支持,并引导与带动社会投资,不断建设与完善基础设施,使物流园区形成发展规模,源源不断地为物流园区的战略规划与运营提供动力。

3.统筹物流园区规划运营布局,实现城市建设协调发展

统筹物流园区的规划运营布局,首先要以城市的发展目标作为导向,重点分析在国家发展战略以及互联网＋背景下,物流园区需要承担的使命,判断物流园区战略上的定位;其次,结合物流园区战略上的定位,提出其发展理念和发展策略,对其空间进行落实,确定物流园区的总体布局结构;最后,结合总体布局结构制定设计框架。对于互联网＋时代物流园区的战略规划与运营,要与智能型城市结合,以国家对于城市智能化投入为基础,将智能化城市的建设功能同物流园区战略规划与运营结合,相互补充,协调发展。

4.科学优化物流资源配置,加强物流运营基础保障

我国物流设施与企业数量的规模正不断扩大,物流服务能力也日益丰富与多样化,这就迫切需要对物流资源的有效整合与优化配置,从而以更有效率的方式来提供服务以及创造价值。要从物流园区规划与运营中的产业一体化要求出发,利用互联网技术,对基础性的物流服务进行升级,建立起物流园区物流管理的云平台,通过大数据的分析,为物流园区的企业提供及时准确的物流服务,增加物流园区增值服务的内容,从整体上提高物流园区的运营利润。

　　综上所述,互联网＋时代物流园区的战略规划与运营,实现现代信息技术与传统物流产业的有效衔接与互动影响,使现代物流产业实现创新与发展。互联网技术的优势与物流园区的有机结合,形成依托互联网的物流园区创新模式,实现互联网＋时代物流园区的战略规划与科学运营,对于推动现代物流园区的建设与发展具有极其重要的现实意义。

第五章

智慧物流与
大数据技术发展探究

第一节　智慧物流的发展现状

一、智慧技术应用现状

以物联网、云计算、大数据等为代表的智慧技术也已经开始在我国进行了广泛的应用,并已经显现成效。智慧技术在智慧物流领域的应用还有巨大的发展空间,智慧技术应用主要包括物联网技术、大数据技术等。

(一)物联网技术应用现状

物流公司面对大范围的物流作业时,由于货物分布在全国各地,并且货物在实时移动过程中,因此,物流的网络化信息管理往往需要互联网系统与企业局域网相结合应用,但也有企业全部采用局域网技术。在物流中心,物流网络通常基于局域网技术,也采用无线局域网技术,组建物流信息网络系统。

在数据通信方面,常采用无线通信与有线通信相结合,新的物流信息系统还大量采用了 5G 通信技术。

只是在企业物流系统中,部分物流系统可以做到与企业生产管理系统无缝结合、智能运作;部分全智能化和自动化的物流中心的物流信息系统可以做到全自动化与智能化物流作业。

(二)大数据技术

大数据技术能够让物流企业做到有的放矢,甚至可以做到为每一个客户量身定制符合他们自身需求的服务,从而颠覆整个物流业的运作模式。

大数据技术在物流企业中的应用主要包括以下几个方面。

1. 市场预测

依靠数据挖掘及分析,大数据技术能够帮助企业完全勾勒出其客户的行为和需求信息,通过真实而有效的数据反映市场的需求变化,从而对产品进入市场后的各个阶段作出预测,进而合理地控制物流企业的库存和安排运输方案,提高服务质量。

2.物流中心的选址

物流中心选址问题要求物流企业在充分考虑自身的经营特点、商品特点和交通状况等因素的基础上,使配送成本和固定成本等之和达到最小,大数据技术中的分类树方法可以解决这类问题。

3.优化配送线路

配送线路的优化是一个典型的非线性规划问题,它一直影响着物流企业的配送效率和配送成本。物流企业运用大数据来分析商品的特性和规格、客户的不同需求(时间和金钱)等问题,从而用最快的速度对这些影响配送计划的因素做出反应(比如选择哪种运输方案、哪种运输线路等),制订最合理的配送线路,而且企业还可以通过配送过程中实时产生的数据,快速地分析配送路线的交通状况,对事故多发路段作出预警。

精确分析整个配送过程的信息,使物流的配送管理智能化,提高了物流企业的信息化水平和可预见性。

4.仓库储位优化

合理地安排商品储存位置对于仓库利用率和搬运分拣的效率有着极为重要的意义。对于商品数量多、出货频率快的物流中心,储位优化就意味着工作效率和效益。哪些货物放在一起可以提高分拣率,哪些货物适合存储的时间较短,大数据技术中的关联模式法能够分析商品数据之间的相互关系,以便合理地安排仓库位置。

二、智慧物流公共信息平台建设现状

随着科技的不断进步,智慧物流公共信息平台已成为现代物流业必不可少的一部分。智慧物流公共信息平台的建设不仅能提高企业的运营效率,降低成本,同时也能提高物流的安全性和可靠性。目前我国智慧物流在物流公共信息平台建设、智能管理、智慧供应链以及智能配送等方面取得积极成效。

根据中研普华产业研究院发布的《2023—2028 年中国智慧物流行业

深度调研与投资战略咨询报告》显示:智慧物流产业链上游主要是硬件设备(无人机、AGV机器人和智能快递柜等)和软件系统(仓储管理系统、仓库控制系统等)供应商;中游是智慧物流系统集成商,根据行业的应用特点使用多种设备和软件,设计建造物流自动化系统;下游是智慧物流系统应用商,智慧物流系统广泛应用于电商、医药、烟草、汽车、冷链等诸多行业。

随着物联网、大数据、人工智能等前沿信息技术的发展,智慧物流已经成为物流行业的重要发展趋势。2017—2022年中国智慧物流市场规模持续扩大,2022年中国智慧物流市场规模为6995亿元,较2021年增加了518亿元,同比增长8%。未来,随着技术的不断进步和应用场景的不断拓展,智慧物流的发展前景将更加广阔。

伴随着智慧物流行业的高速发展,智慧物流行业的投资规模不断增加。2021年中国智慧物流投资数量为82起,较2020年增加了17起;投资金额为519.76亿元,较2020年增加了204.02亿元,同比增长64.62%。截至2022年6月21日,智慧物流投资数量为21起,投资金额为77.07亿元。电商行业是智慧物流应用的重点领域,电商行业的繁荣会推动智慧物流加速发展。在经济的高速发展下,人民群众的生活水平不断提升,叠加互联网技术的快速进步,网上购物的需求逐渐增加。2017—2022年中国网上零售额持续增长,2022年中国网上零售额达13.79万亿元,同比增长5.32%。

近年来,在各物流企业争相布局智慧物流的背景下,智慧物流所包含的细分行业——自动驾驶与智能航运、网络货运、电子单证、快递无人机等方面的标准化需求非常强烈。当前,我国物流效率相对于发达国家仍有一定差距,降本增效仍然是工作重点。未来一段时期,优化经济结构、提升物流运作水平,降低制度性交易成本将是降本增效的重要途径。物流企业应把现代供应链创新应用,与相关产业深度融合,提升物流运作效率作为主攻方向。随着互联网＋的发展,智能化和信息化技术在生产与物流中快速普及应用,所有核心环节都将变得更加"智能"。

第二节　大数据技术及其在物流领域的应用

一、大数据技术的基本特征与环节

大数据是一个较为抽象的概念,正如信息学领域大多数新兴概念,不同的行业对于大数据的定义不尽相同。大数据是在多样的或者大量数据中,迅速获取有价值信息的能力。大数据是指无法用现有的软件工具提取、存储、搜索、共享、分析和处理的海量的、复杂的数据集合。它不仅包含了海量数据和大规模数据,而且还包括更为复杂的数据类型。在数据处理方面,数据处理的响应速度由传统的周、天、小时降为分、秒的时间处理周期,需要借助云计算、物联网等技术降低处理成本,提高处理数据的效率。

大数据技术是基于云计算的数据处理与应用模式,是可以通过数据的整合共享,交叉复用形成的智力资源和知识服务能力,是可以应用合理的数学算法或工具从中找出有价值的信息,为人们带来利益的一门新技术。大数据领域已经涌现出大量新的技术,它们成为大数据采集、存储、处理和呈现的有力武器。

今后,大数据技术将在多个领域得到发展应用,大数据技术在我国物流领域的应用有利于整合物流企业,实现物流大数据的高效管理,从而降低物流成本,提升物流整体服务水平,满足客户个性化需求。

(一)大数据的基本特征

大数据通常是指数据规模大于 10 TB 以上的数据集。它除了具有典型的 4V 特征,即 Volume(大容量)、Variety(多样化)、Velocity(高速)、Value(价值密度低)等特征外,还具有数据采集手段的智能化、数据预测分析的精准化等特点。

1. 数据体量巨大

大数据最显著的特征是数据量巨大,一般关系型数据库处理的数据量在 TB 级,大数据所处理的数据量通常在 PB 级以上。随着信息化技术的高速发展,数据呈现爆发性增长的趋势。导致数据规模激增的原因有很多,首先是随着互联网的广泛应用,使用网络的人、企业、机构增多,数据获取、分享变得相对容易;其次是随着各种传感器数据获取能力的大幅提高,人们获取的数据越来越接近原始事物本身,描述同一事物的数据量激增。

2. 数据类型繁多

第二种类型的特点是数据类型繁多,这种类型的多样性也让数据被分为结构化数据和非结构化数据。相对于以往便于存储的以文本为主的结构化数据,非结构化数据越来越多,包括网络日志、音频、视频、图片、地理位置信息等,这些多类型的数据对数据的处理能力提出了更高要求。

3. 数据价值密度低

大数据中有价值的数据所占比例很小,大数据的价值性体现在从大量不相关的各种类型的数据中,挖掘出对未来趋势与模式预测分析有价值的数据。数据价值密度低是大数据关注的非结构化数据的重要属性。大数据为了获取事物的全部细节,不对事物进行抽象、归纳等处理,直接采用原始的数据,保留了数据的原貌。

4. 数据处理速度快

数据呈爆炸的形式快速增长,新数据不断涌现,快速增长的数据量要求数据处理的速度也要相应地提升,才能使得大量的数据得到有效的利用,数据的增长速度和处理速度是大数据高速性的重要体现。

5. 数据采集手段智能化

大数据的采集往往是通过传感器、条码、RFID 技术、GPS 技术、GIS技术等智能信息捕捉技术获得所需的数据,这体现了大数据采集手段智能化的特点,与传统的人工搜集数据相比更加快速,获取的数据更加完整真实。通过智能采集技术可以实时、方便、准确地捕捉并且及时有效地进行信息传递,这将直接影响整个系统运作的效率。

6.数据预测分析精准化

预测分析是大数据的核心所在,大数据时代下预测分析已在商业和社会中得到广泛应用,预测分析必定会成为所有领域的关键技术。通过智能数据采集手段获得与事物相关的所有数据,包括文字、数据、图片、音视频等类型多样的数据,利用大数据相关技术对数据进行预测分析,得到精准的预测结果,从而可以对事物的发展情况作出准确的判断,获得更大的价值。

(二)大数据技术数据处理的基本环节

大数据来源于互联网、企业、物联网等系统,用于支撑企业决策或业务的自动智能化运转。大数据已广泛应用于医疗、娱乐、金融业、商业服务、运输物流业、通信、工程建设等诸多领域。大数据的成功应用,要经过数据捕捉、数据存储管理、数据计算处理、数据挖掘分析、数据知识展现五个主要环节。

1.数据捕捉环节

主要是从本地数据库、互联网、物联网等数据源导入数据,包括数据的提取、转换和加载(Extract Transform Load,ETL)。大数据的来源多种多样,既包括网页索引库或 SNS(Social Networking Services,社交网络服务)等公众互联网,也可包括传感网或 M2M(Machine to Machine,数据算法模型)等物联网,这就要求系统在采集环节能够对数据去粗取精,同时还能尽可能地保留原有语义,以便后续分析时参考。

2.数据存储管理环节

数据的存储、管理是数据处理的两个细分环节,这两个细分环节之间的关系极为紧密。数据管理的方式决定了数据的存储格式,而数据如何存储又限制了数据分析的广度和深度。除了对海量异构数据进行高效率的存储之外,还要适应多样化的非结构化数据管理需求,具备数据格式上的可扩展性并且能够提供快速读写和查询功能。

3.数据计算处理环节

该环节需要根据处理的数据类型和分析目标,采用适当的算法模型快速处理数据。海量数据处理要消耗大量的计算资源,就传统单机或并行计算技术来说,速度、可扩展性和成本上都适应不了大数据的新需求。分布式计算成为大数据的主流计算机构,但在实时性方面还需要大幅度提升。

由于数据的价值会随着时间的推移不断减少,实时性成了大数据处理的关键;而数据规模巨大、种类繁多、结构复杂,使得大数据的实时处理极富挑战性。数据的实时处理要求实时获取数据,实时分析数据,实时绘制数据,任何一个环节慢都会影响系统的实时性。

4. 数据挖掘分析环节

此环节需要从纷繁复杂的数据中发现规律,提取新的知识,是大数据体现价值的关键。传统数据挖掘对象多是结构化、单一对象的小数据集,挖掘更侧重根据先验知识预先人工建立模型,然后依据既定模型进行分析。对于非结构化、多源异构的大数据集的分析,往往缺乏先验知识,很难建立数学模型,这就需要发展更加智能的数据挖掘技术。

5. 数据知识展现环节

大数据技术的战略意义不在于掌握庞大的数据信息,而在于对这些含有意义的数据进行专业化处理,将海量的信息数据经过分布式数据挖掘处理后将结果展现出来。数据知识展现主要是借助于图形化手段,清晰有效地传达与沟通信息。依据数据及其内在模式和关系,利用计算机生成的图像来获得深入认识和知识。数据知识展现环节主要是以直观的便于理解的方式将分析结果呈现给用户,进而通过对数据的分析和形象化,利用大数据能够推导出量化计算结论,同时应用到行业中去。

二、大数据技术的基本思想

大数据开启了一次重大的时代转型,正在改变生活及理解世界的方式,它是一场生活、工作与思维的大变革。大数据的出现,使得通过数据分析可以预测事物发展的未来趋势,探索得知事物发展的规律。大数据将逐渐成为现代社会基础设施不可或缺的一部分,在社会、经济等各个领域发挥越来越重要的作用。大数据时代,数据成为越来越有用的资源,大数据技术的基本思想主要体现在以下三个方面。

(一)由分析随机样本转变为分析全体数据

在大数据时代,随着数据分析技术的不断提高,可处理的数据量大大增加,对事物理解的角度将比以前更大更全面,分析更多甚至所有的数据。大数据技术就是指不采用随机分析方法而采用所有数据的方法,在大数据时代由分析随机样本转变为分析全体数据。

(二)由追求数据精确性转变为接受数据混杂性

过度注重精确性是小数据时代的特点。对"小数据"而言,最基本、最重要的要求就是减少错误,保证质量。因此收集的信息量比较少,所以必须保证记录下来的数据尽量准确。相比依赖于小数据和精确性的时代,大数据因更强调数据的完整性和混杂性,使得事情的真相更加清晰,因此只有接受数据的不精确性和完整性,才能发现事物的真相。

(三)由注重因果关系转变为注重相关关系

在小数据时代,因果关系对事物的发展起着很关键的作用,但在大数据背景下,相关关系发挥的作用更大。通过应用相关关系,使得对事物的分析更容易、更快捷、更清楚。通过寻找相关关系,可以更好地捕捉现在的状态和预测未来的发展状况。因此在大数据时代相关关系已被证明大有用途,建立在相关关系分析法基础上的预测是大数据的核心,大数据相关关系分析法更准确、更快。大数据时代探求的是事物本身,相关关系使事物更加清晰地呈现。

三、大数据技术的组成

根据大数据技术处理的五个主要环节,大数据处理关键技术包括大数据捕捉技术、大数据存储管理技术、大数据处理技术、大数据预测分析技术、大数据可视化技术五类技术,其中大数据捕捉技术是其他技术应用的基础。

(一)大数据捕捉技术

大数据捕捉是指通过社交网站、搜索引擎、智能终端等方式获得的包括普通文本、照片、视频、位置信息、链接信息等类型多样的海量数据。数据捕捉环节是大数据预测分析的根本,是大数据价值挖掘最重要的一环,其后的集成、分析、管理都构建于数据捕捉的基础之上。

(二)大数据存储管理技术

大数据存储管理是用存储器把采集到的数据存储起来,建立相应的数据库,并进行管理和调用,大数据存储系统不仅需要以极低的成本存储海量数据,还要适应多样化的非结构化数据管理需求,具备数据格式上的可扩展性。大数据存储管理技术包括云存储技术、SQL/NoSQL 技术、分布式文件系统等。云存储技术是通过集群应用、网络技术或分布式文件系统等,将网络中大量各种不同存储设备集合起来协同工作,共同对外提供数据存储和业务访问功能的一个系统。NoSQL 技术是通过不断增加服务器节点从而扩大数据存储容量的技术。分布式文件系统可以使用户更加容易访问和管理物理上跨网络分布的文件,可实现文件存储空间的扩展及支持跨网络的文件存储。

(三)大数据处理技术

大数据处理技术主要完成对已接收数据的辨析、抽取、清洗等操作。因获取的数据可能具有多种结构和类型,数据抽取过程可以将复杂的数据转化为单一的或者便于处理的构型,以达到快速分析处理的目的。大数据处理技术包括批处理技术、交互式处理技术、流式处理技术。批处理技术适用于先存储后计算,实时性要求不高,同时数据的准确性和全面性更为重要的情况。交互式数据处理是操作人员和系统之间存在交互作用的信息处理方式,具有数据处理灵活、直观、便于控制的特点。流式数据处理是对实时数据进行快速的处理。

(四)大数据预测分析技术

大数据预测分析技术除了对数量庞大的结构化和半结构化数据进行高效率的深度分析、挖掘隐性知识外,还包括对非结构化数据进行分析,将海量复杂多元的语音、图像和视频数据转化为机器可识别的、具有明确语义的信息,从中提取有用的知识。

大数据预测分析技术包括关联预测分析、聚类预测分析及联机预测分析。关联预测分析是一种简单、实用的分析技术,用来发现存在于大量数据集中的关联性或相关性,从而描述事物中某些属性同时出现的规律和模式聚类预测分析是一组将研究对象分为相对同质的群组的统计分析技术,是一种探索分析技术。联机预测分析是处理共享多维信息的、针对特定问题的联机数据访问和联机分析处理的快速软件技术。

(五)大数据可视化技术

数据可视化是把数据转换为图形的过程。通过可视化技术,大数据可以以图形、图像、曲线甚至动画的方式直观展现,使研究者观察和分析传统方法难以总结的规律。可视化技术主要分为文本可视化技术、网络可视化技术、时空数据可视化技术、多维数据可视化技术等。

文本可视化是将文本中蕴含的语义特征直观地展示出来,典型文本可视化技术是标签云,将关键词根据词频或其他规则进行排序,按照一定规律进行布局排列,用大小、颜色、字体等图形属性对关键词进行可视化。网络(图)可视化的主要内容是将网络节点和连接的拓扑关系直观地展示,H 状树(H-Tree)、圆锥树(Cone Tree)、气球图(Ballon View)等都属于网络可视化技术。时空数据是指带有地理位置与时间标签的数据。时空数据可视化重点对时间与空间维度及与之相关的信息对象属性建立可视化表征,对与时间和空间密切相关的模式及规律进行展示,流式地图是一种典型的时空数据可视化技术。多维数据指的是具有多个维度属性的数据变量,常用的多维可视化技术有散点图、投影、平行坐标等。

四、大数据技术在物流领域的应用分析

大数据技术应用指的是从多种渠道中收集电子信息并进行应用分析,从而识别发展模式、趋势及其他智能信息。大数据技术在物流领域中的应用需要依靠相关技术的进步和提升,同时还要有掌握相关技术的人

才及相关的软件及硬件基础设施。

大数据最终应用于物流领域,需要前期数据的收集、分发处理、汇总及与物流系统的融合,整个过程都可能会对物流领域的活动产生重大影响。

基于大数据技术在物流领域的应用流程,下面将从宏观层面商物管理、中观层面物流供应链管理、微观层面物流业务管理三个方面,分析大数据技术在物流领域的应用情况,以使得物流业可以提供更加优质高效的服务,实现物流业的一体化、智慧化、协同化发展。

(一)大数据技术在智慧物流商物管理中的应用分析

大数据背景下智慧物流商物数据包括智慧物流大宗商品数据和智慧物流零售商品数据,大宗商品数据是指大宗商品在智慧物流过程中产生的相关物流数据。零售商品数据主要包括零售商品在运输、仓储、配送等物流环节产生的相关数据,如零售商品本身的数据、生产销售商的数据、客户需求数据等。

运用大数据技术采集捕捉商品的品类数量、流量流向、需求分配、生产厂商、供应商等数据,对这些数据加以分析挖掘,实现对商品货物在业务方面、管理控制方面及应用方面的服务。

在业务方面,根据商品的类型可为客户提供食品类物流服务、五金类物流服务、化工类物流服务等,根据货物的性质,可以为客户提供针对普通货物和特殊货物的服务,根据产品的类型可以为客户提供工业商物物流服务和农业商物物流服务。

在管理控制方面,可以实现对商物核心节点及商物通道的管控,区分哪些节点是枢纽型节点,哪些节点是资源型节点,哪些节点是加工型节点及哪些节点是综合型节点,同时对涉及商物的基础设施网络、能力网络、信息网络、组织网络实现管理控制。

在应用服务方面,可以通过对一系列数据的预测分析,进一步实现货物的流量流向预测、流量调控、流向分布分析、线路优化选择及运输方式选择等方面的管控。

(二)大数据技术在智慧物流供应链管理中的应用分析

供应链是物流的扩展和延伸,物流供应链主要涉及采购物流、生产物流、销售物流等物流环节,在各个环节会产生海量的数据。采购物流数据主要指包括原材料等一切生产物资的采购、进货运输、仓储、库存管理、用料管理和供应管理过程中产生的数据,主要包括供应商基本数据、采购计划数据、原料运输数据、原料仓储数据、采购成本数据。

销售物流数据是指生产企业、流通企业出售商品时,物品在供方与需方之间的实体流动的过程中所产生的数据,主要包括销售计划数据、包装数据、仓储数据、运输配送数据、装卸搬运数据、流通加工数据、订单数据、销售网络数据等。生产物流数据是生产工艺中的物流活动中产生的数据,主要包括生产计划数据、生产成本数据、生产原料数据、生产状态数据。这些数据中既包括数据库、二维表等结构化数据,网页、文本文件等半结构化数据,也包括视频、音频等非结构化数据。

在大数据背景下,运用大数据技术对数据进行采集捕捉、存储管理、计算处理、分析挖掘,进而应用于智慧物流供应链管理中,可以为客户提供包括核心业务服务、辅助业务服务及增值业务服务等多样化的供应链物流服务,下面简要介绍核心业务和辅助业务。

1.核心业务

核心业务主要是针对采购物流、生产物流、销售物流等物流环节。采购物流环节主要是根据系统平台已有信息,由大数据驱动选择合适的供应商并提出采购需求,供应商按照采购要求的时间和配送方式完成配送;生产物流环节是利用智慧物流关键技术对生产过程的物料管理、物流作业、物流系统状态监控等物流活动和信息进行组织与控制等;销售物流是物流供应链的最后一个环节,该环节在智慧物流情境下,货物的信息被自动感知设备感知,销售出货品,货架能够自动识别并向系统报告该货物的移动情况,使用者通过货物标签接入系统,也可以获得关于货物的所有信息。

2.辅助业务

辅助业务主要针对加工和流通环节,大数据技术的应用可以对该环节实现全程控制,提供实时服务。增值业务环节主要是根据大数据分析、为客户提供资源整合、物流供应链优化延伸、物流供应链集成等方面的服务。

在大数据背景下,通过对信息流、物流、资金流的控制,从采购原材料开始,再到生产,最后由销售网络把产品送到消费者手中,为客户提供优质、高效、全方位的服务,最终实现物流供应链的一体化。

(三)大数据技术在智慧物流业务管理中的应用分析

在物流业务过程中,采用 RFID、GPS/GIS、传感器等智能终端完成海量数据的采集捕捉,运用大数据存储管理技术实现大数据的管理,通过云计算、并行处理器、互联网技术对数据进行计算处理分析,得出最优的解决方案,从而实现智能运输、自动仓储、动态配送和信息控制核心业务的管理。

智能运输可以实现实时运输路线追踪、货物在途状态控制和自动缴费等功能,极大限度地提高了货物运输的安全性和智能性;自动仓储能够对货物验收、入库、定期盘点和出库等环节实现自动化和智能化,并在提供货物保管服务的同时监控货物状态;动态配送可以根据及时获得的交通条件、价格因素、用户数量及分布和用户需求等因素的变化情况,对其考虑、制订动态的配送方案,在提高配送效率的同时提高服务品质;智能信息控制的应用可进一步提高整个物流的反应速度和准确度。

除此之外,大数据背景下的智慧物流业务管理还要为客户提供增值的服务,如物流系统的设计与优化、物流决策支持、物流咨询等,最终达到一体化及信息化的管控服务。

通过分析大数据技术在智慧物流商物管控、智慧物流供应链管理、智慧物流业务管理不同层面的应用,明确了大数据背景下物流发展的方向和提供的服务内容。大数据技术的应用可以实现商物管控在时间、空间上的智能化,实现物流供应链管理的一体化,实现物流业务在智能运输、自动仓储、动态配送等方面的科学管理控制。

第三节　大数据背景下
智慧物流的运营与服务模式

一、大数据背景下智慧物流运营的框架设计

(一)大数据背景下一般企业发展模式

大数据技术为传统行业带来巨大的挑战和机遇。在大数据时代,需要对传统行业概念进行重新审视,大数据不仅仅是一种技术,更多的是一种思维方式。根据一般企业利用大数据思想的发展模式,分析总结其经历的三个阶段。

1. 数据原始积累

大数据的基础就是数据的积累。企业只有通过长期的日常运营,才能获得最原始、最真实的数据,完成原始积累。原始积累是一个重要的概念,它意味着将基本的经验积累起来,从而形成一套新的、更有效的方法。原始积累可以分为传统的原始积累和现代的原始积累。传统的原始积累是指长期累积回顾性研究结果,如狭义上的历史学研究和体制学研究,以及涉及资本市场预测、经济分析和经营决策的定量研究。现代的原始积累则强调快速累积各类基于数据的研究结果,尤其是预测性研究。例如,机器学习模型可以通过原始积累和及时累积,并且可以根据实时数据和新发现的数据,不断改进模型的性能。此外,原始积累也可以作为一种工具,用于发现及支撑有助于提升性能的新方法,例如帮助理解特定问题的生物信息学研究和机器人技术研究。

因此,原始积累的一个重要特点就是及时累积,也就是通过及时收集和分析大量数据,使得新方法及时应用到领域中,满足业务需求。原始积累在物机分析、天气预报和风险管理等方面也具有重要作用。在业务分析领域,原始积累有助于发现市场热点及把握市场趋势;在医学领域,原始积累有助于发现疾病的多种方式;在农业领域,原始累积可以帮助农民

准确掌握农业情况。总的来说,原始积累的重要性已被广泛认可,它在各领域拥有极其重要的地位和价值。

现在是数据资本的原始积累阶段。就像农业资本(财富)转入工业资本的过程,现在是工业资本(财富)全面转入数据资本的前期。从当下到未来数据资本主导经济的过程,就是数据资本拿着数据这把鞭子把实体经济赶入计划经济模式的过程。

2. 数据优化业务

(1)对数据进行整合

因为数据之和的价值远远大于数据的价值之和,只有将这些数据进行整合,才能用现有数据挖掘所在行业的潜力,真正展现数据的价值。

(2)数据完整呈现

在传统时代,企业的决策判断大部分基于经验。但在大数据时代,数据的积累和整合能将整个数据的场景完整地呈现出来,数据在整个行业里的流动过程、业务的衔接过程清晰透明。

(3)实现精准预测

根据数据的呈现,将传统业务进行整合,提高传统业务效率,实现对原有业务的优化,最终实现资源的最佳配置。

3. 数据整合产业链

数据不仅能够优化现有的业务,更大的价值在于数据能够成为新的生产要素,成为企业的核心资产。企业更加关注如何创造性地利用数据这一资产,挖掘出数据的最大价值,产生新的业务机会这一战略命题。当企业拥有了广泛的产业数据,不仅拥有了对本行业基本信息的掌握和洞察,更重要的是拥有了其他企业没有的生产资料。拥有了大数据的企业将成为该产业的主导者和规则的制定者。企业完全可以突破原有的行业疆域和边界,向行业以外扩展。从产业链的角度分析,企业可以实现向产业链上游的跃升,实现对产业链下游的控制,从而实现整条产业链的垂直整合。

(二)大数据背景下智慧物流运营流程

智慧物流的运营需要运用物流信息的捕捉技术、推送技术、处理技术、分析技术和预测技术等,在大数据背景下,智慧物流服务呈现出一体化、网络化、移动化、智能化等新特点。分析其运营的全过程,智慧物流运营流程主要包括数据采集、数据存储、数据应用、客户服务等环节。

智慧物流的运营首先利用物流数据感知与采集工具,通过 RFID、GPS、GIS、红外传感器等技术采集物流现场数据,通过移动互联网、有线网络、卫星等与云计算中心进行即时的、分时的或离线的数据交流;然后通过网络将物流数据传递到数据中心,所传输的数据包括普通物流数据、物流管理数据、物流金融数据和物流设备数据,这些数据以格式化或非格式化的形式体现;通过虚拟化等技术实现物流数据的存储,运用数据分析、关联、挖掘等处理技术对数据进行计算、整合,对物流所需软件、设备、物资进行资源化管理、仓储管理、路径计算、运输管理、装卸管理甚至包括资金管理,并能够根据数据中心提供的数据整合掌握更加清晰的物流企业运营状态,为物流企业管理者掌握企业发展动态提供科学和翔实的数据。

企业能够通过客户端应用程序获取物流相关信息并发布对应的措施,物流客户能够通过普通的 PC 浏览器、平板电脑、手机的客户端查询物资流通的具体状态。

二、智慧物流服务模式

服务模式选择是智慧物流提供客户高效快捷服务的前提,基于智慧物流服务的全面化、智能化和系统化以及不同的服务模式的特点和内容,在大数据背景下的智慧物流服务模式中,平台模式是智慧物流服务的主要方式。

(一)智慧物流服务模式

智慧物流服务模式根据不同的分类方式分为不同的类别。按照物流服务提供方不同可分为第一方物流服务、第二方物流服务、第三方物流服务和第四方物流服务;按照提供方式不同可分为自营、"第三方"和基于管理平台的服务模式;按照平台方式可以分为一体化服务模式、网络化服务模式、虚拟化服务模式和移动化服务模式。

1.一体化服务模式

一体化服务模式是以信息平台为基础,根据客户需求,从原材料采购到产成品分销的整个供应链的流程方案,整合、协调和管理涉及整个流程的资源,一体化服务不是若干物流功能服务的简单汇总,而是提供综合物流服务整体解决方案,扮演物流参与者的角色;将多个物流功能服务进行整合,对物流运作进行总体设计和管理,扮演的是物流责任人角色。一体化物流服务的市场竞争,实际上是物流解决方案合理性的竞争。

一体化服务模式强调和客户之间的关系不是价格博弈的关系,而是双赢的合作伙伴关系。站在客户的立场上,为其提供合理化、差异化、个性化的物流服务解决方案,进而延伸物流增值服务,即由物流核心业务服务(通过运输、仓储、配送等功能实现物品时间与空间的转移)向增值服务延伸;由物流功能服务向管理服务延伸;由物流服务向信息流、资金流服务延伸。

2.网络化服务模式

网络化服务模式是以互联网和实体网络为支撑,并将分散的物流资源有效整合的一种服务模式。它使得原本呈现出分散态势的物流信息资源,通过网络信息平台实现了整合,使物流企业之间突破了地域的界限,在计算机网络这个空间相互交流、协作,并且实现了优势互补;每个智慧物流服务通过网络平台实现相互衔接,最终实现物流服务全过程的整合。

与此同时,为了能够使各种物流服务整体优化,网络化服务模式将服务功能建立在满足服务使用者的基础之上,做到高效益、高精确度的服务,促进智慧物流服务由智慧物流服务的规模化、综合化逐渐向自动化和信息化迈进。

3.虚拟化服务模式

虚拟化服务模式是以计算机网络技术进行物流运作与管理,实现企业间物流资源共享和优化配置的物流服务方式。其依靠物流及供应链信息集成平台,通过物流组织、交易、服务、管理方式的虚拟网络化,以获取物流领域的规模化效益为纽带,以先进的信息技术为基础,以达到供应链信息共享为目的,实现物流的高速、安全、可靠、低费用。

虚拟化服务模式一般借助虚拟物流企业,它是由功能合理分配的、信息和运作一体化的、利益共享的,对于社会物流需求而言又是整合众多原先物流各环节承担者所组成的物流共同体。

由于智慧物流服务还包括上游的采购职能和下游的配送和销售职能及对反向物流的处理职能,因此,虚拟化服务不仅要处理供应链过程中的基本环节,还要实现对贸易职能的整合。虚拟化服务是前端服务与后端服务的集成,前端服务包括咨询服务(确认客户需求)、网站设计及管理、客户集成方案实施等;后端服务主要包括订单管理、仓储与分拨、运输与交付、退货管理、客户服务及数据管理与分析等。

4.移动化服务模式

物流信息具有很强的时效性、动态性,信息价值衰减速度快,对物流信息的管理及时性要求高,如订单处理、配送管理和运输管理对信息的实效性要求很高,因此为了进一步降低运作成本,提高工作与沟通效率,加强企业竞争力,移动信息化服务彰显出自己的优势。

移动化物流服务模式充分运用信息化手段和现代化方式,以信息平台为依托,对物流市场做出快速反应,对物流资源进行全方位整合,实现了物流信息系统的移动化,提供高品质、多功能、全方位的物流服务。

移动化服务模式从最初的信息采集概念拓展为包括前端数据采集、数据无线传递及集成管理的物流管理信息系统,具体地说如实时货运查询、及时主动推送给用户、工作人员之间需要及时交互、实时调度、信息发布和企业内部移动办公等。移动化服务模式可以有效地满足物流行业的服务特点与需求特征,实现物流企业不受时空限制,实现信息共享,提高运输过程的合理性与安全性,提高了企业精细化管理程度,从而真正满足了物流信息的时效性要求和物流服务的全方位多功能需求。

(二)典型智慧物流服务模式

平台模式作为智慧物流服务的主要实现方式,根据技术类型分类包括基于 SOA(Service Oriented Architecture,面向服务的体系结构)的物流服务模式、基于大数据的物流服务模式、"云物流"服务模式几个典型模式。

1. 基于 SOA 的物流服务模式

基于 SOA 的物流服务模式是一种基于 SOA 构建的物流信息平台实现服务的模式,以信息技术为依托,通过集成供应商、物流服务商、企业用户的资源信息,协调优化供应链上的物流资源,整合和升级物流服务的各个系统。完成"一站式"专业化的智慧物流综合服务,实现行业资源共享,发挥物流的整体优势,促进物流资源的整合。

基于 SOA 的物流信息平台以透明方式提供了物流管控功能服务,如物流信息发布、配载服务、车辆调度服务、货物跟踪及运输计划制订、物流企业业务管理等,也提供了一系列的增值服务和决策服务,如智能配载、物流配送车辆调度优化、虚拟仓库、物流方案设计、客户价值分析、决策支持、供应链物流解决方案等。

基于 SOA 的物流服务模式通过平台达到信息共享、用户物流服务需求下达和系统与用户的交互;对供应商、物流服务商、企业用户等物流信息进行集成。运用物流数据,物流服务实现供应链上的各种物流资源优化。

2. 基于大数据的物流服务模式

基于大数据的物流服务模式是以物流平台为依托,利用大数据和通信网络技术,提供物流信息、技术、设备等资源共享服务,依靠大数据处理能力、标准的作业流程、灵活的业务覆盖、精确的环节控制、智能的决策支持及深入的信息共享来完成物流行业各环节所需要的信息化要求和服务需求,面向社会用户提供信息服务、管理服务、技术服务和交易服务。

基于大数据的物流服务模式依靠以下几步实现。

(1)大数据系统

这是在端前跟客户相联系与沟通,通过电子商务、社交网络、传感器等方式探测客户,收集和提取数据;然后进行数据分析,建立大数据仓库,对数据信息整合,提供完整的数据生命周期管控。

(2)依靠物流公共信息平台

该平台一方面通过数据接口端向客户市场开放,另一方面通过数据接口端接收大数据信息。大数据为客户提供了海量物流服务信息,包括各类物流装备资源信息、物流人力资源信息、物流方案设计能力和资源信息、物流公共服务信息和政策资源信息、物流金融信息等,这些信息汇聚成虚拟的物流资源和能力供客户搜索、查询。

(3)物流管理平台

它是集物流商信息共享、协同工作、资源整合、流程再造、商业智能和决策分析于一身的综合性的物流服务平台,主要任务是通过准确、快捷地处理客户订单,调度和指挥各类物流资源,实现"一站式物流服务"和对资源的优化配置和监管。

依靠物流公共信息平台和管理平台聚集所有的物流商,如仓储公司、运输公司、第三方物流企业、第四方物流企业、货代公司、物流方案咨询商、银行及保险公司等,向客户提供订单服务、运输服务、仓储服务、信息服务、金融服务、咨询服务、代理一关三检、保险服务等全方位的商务管控、供应链运营和物流业务服务。

3."云物流"服务模式

物流云服务是指基于云计算等信息技术的一种面向供应链的物流服务模式,在网络技术支持下,通过物流云服务平台整合物流资源和客户资源,并按照客户需求智能管理和调配物流资源(物流云),为客户定制和提供安全、高效、优质廉价、灵活可变的个性化物流服务的新型物流服务模式。

物流云服务模式实现各类物流资源包括运输工具、运输线路、仓储资源、信息资源和客户资源,为物流服务系统全生命周期过程提供可随时获取、按需使用的个性化物流服务。"云物流"服务模式包括以下三点鲜明特征。

第一,为客户提供个性化、专业化、便捷的物流服务,提升客户服务价值。物流云服务平台根据客户的自身特点、独特需求和历史交易数据(如物流运输过程中对某条运输线路的偏好),为客户提供最适合的服务内容和服务方式,同时能够根据客户的需求变化快速调整服务方案。服务的实现对用户透明,提升了客户对服务的使用价值、享用价值和规模价值;同时对服务提供商而言,物流云服务平台将充分考虑其提供物流服务的个性化、便捷性和规模化。

第二,整合物流服务提供商和客户各类资源形成物流云。物流云服务平台将物流服务提供商提供的大量分散物流资源进行整合并虚拟成各种物流云,根据客户需求在平台上进行统一、集中的管理和调配,按客户所需,为多个客户提供不同的物流服务,体现了多对多的物流服务模式。

第三,面向物流服务全生命周期的服务质量全程监控与管理,物流云服务更加注重服务质量管理。物流云服务系统建立物流服务的质量体系,定义服务质量指标体系及评价方法,加强事前的主动定义和服务的参数设计,实时监控物流服务的执行情况,在生命周期内跟踪评价服务质量,反馈实时数据并进行质量优化,同时以上数据将作为服务双方历史信用的记录。

物流云服务模式是一个面向供应链、多用户、多资源提供者、基于服务的物流云服务业务架构。

从业务的角度,物流云服务模式主要由三部分组成:即物流云服务需求端、物流云服务提供端、云服务平台。物流云服务需求端是指物流云服务使用者,这里指的是整个供应链或供应链上个别成员;物流云服务提供端是指提供物流服务资源的运输车队、货代公司等,它主要向云服务平台提供各种异构的物流资源和物流服务;云服务平台充当二者之间的桥梁和枢纽,负责建立健壮的供需服务链。物流云服务需求端通过云服务平台提出个性化服务需求,云服务平台对物流云服务提供端提供的物流云进行整合、检索和匹配,建立适合客户的个性化服务解决方案并进行物流云调度,同时,在服务过程中对服务质量进行管理和监控,为双方创造不断优化的服务质量和服务价值。

物流云服务提出了一种面向供应链的物流服务新模式,该模式将现有的物流服务模式、云计算、云安全、服务工程、物联网、RFID 等技术融于一体,为物流业中诸多需求提供了新的思路和解决方案。

第六章

物联网在现代物流中的发展

第一节　物联网与现代物流的关系及影响

物联网是现代物流的神经系统，是现代物流的智慧大脑。现代物流是物联网，特别是 RFID 技术的典型和主要应用领域，物联网对物流信息化有着深刻、广泛地影响，是物流信息化的发展方向。物流业是物联网最早应用的行业之一，很多先进的现代物流系统已经具备了信息化、数字化、网络化、集成化、智能化、柔性化、敏捷化、可视化、自动化等先进技术特征。当前，物联网的发展正推动着中国智能物流的变革，中国智能物流将迎来大发展的时代。

一、物联网与现代物流的关系

(一)物联网与物流业的关系

1.物流业是物联网发展的基础

作为一种古老的经济活动，物流随商品生产的出现而出现，也随商品生产的发展而发展，物联网的发展离不开物流行业的支持。早期的物联网叫作传感网，而物流业最早就开始有效应用了传感网技术，比如 RFID 在汽车上的应用，就是最基础的物联网应用。当前，物联网以交通物流和公共事业为主要发展方向，从应用来讲，在公共事业监控及交通物流信息采集、定位方面取得了一定的进展，物流是物联网发展的一块重要的土壤。

2.物流公司是物联网的重要应用用户

物流领域是物联网相关技术最有现实意义的应用领域之一，特别是在国际贸易中，由于物流效率一直是提高效率的关键因素，因此物联网技术(特别是 RFID 技术)的应用将极大地提升国际贸易流通效率，而且可以减少人力成本以及货物装卸搬运、仓储等物流成本。

由 RFID 等软件技术和移动手持设备等硬件设备组成物联网后，基于感知的货物数据便可建立全球范围内货物的状态监控系统，提供全面的跨境贸易信息、物流跟踪信息，帮助国内制造商、进出口商、货代等贸易参与方随时随地掌握货物及航运信息,提高其对国际贸易风险的控制能力。

实践证明,物流公司与物联网的关系十分密切,通过物联网建设,企业不但可以实现物流的顺利运行,而且城市交通和市民生活也将获得很大的改观。

通过上述内容可以看出,贯穿全覆盖的物联网,整个供应链呈现了透明、高效、精准的特点,实现了传统物流可望而不可即的目标。另外,通过物联网,仓库的管理变得高效、准确,人力需求大大降低。

(二)物联网与智能物流的关系

智能物流是在物联网的广泛应用基础上,利用先进的信息采集、信息处理、信息流通和信息管理技术,完成包括运输、仓储、配送、包装、装卸等多项基本活动的货物从供应者向需求者移动的整个过程,为供方提供最大化利润,为需方提供最佳服务,同时消耗最少的自然资源和社会资源,最大限度地保护好生态环境的整体智能社会物流管理体系。

从物流领域来看,物联网只是技术手段,目标是物流的智能化。谈到"智能"二字,人们对智能的认识是一个逐渐深化的过程。早期认为自动化等同于智能,而后随着科技的发展,出现了一些新的智能产品,它们能够从现场获取信息,并代替人做出判断和选择,而不仅仅是流程的自动化,此时的智能是"自动化＋信息化"。

发展到今天,互联网的出现使人们进入物联网时代,智能的内涵又更进了一步。不仅通过自动采集信息来作出判断和选择,还要与网络相连,随时把采集的信息通过网络传输到数据中心或指挥中心,由指挥中心作出判断,进行实时调整,这种动态管控和动态的自动选择才是这个时代的智能。

二、物联网对现代物流的影响

近年来,随着物联网技术的迅猛发展,物流行业也逐渐开始受到其巨大的影响。物联网技术将设备、网络和数据融为一体,为物流行业带来了许多创新和便利。本文将就物联网对于物流行业的影响进行深入探讨。

（一）自动化和智能化

物联网技术的普及,促使物流行业实现了自动化和智能化的进步。传感器和通讯设备的应用使得物流企业能够实时获取货物的位置、温度、湿度等信息。通过物联网,物流企业可以监控货物的运输过程,及时进行调度和反馈,大幅提升了物流的效率和精确性。此外,物联网还使得仓储管理更加智能化,通过无线传感器的应用,物流企业可以实时了解仓库内物品的存放情况,避免盗窃和货物损坏等问题。

（二）数据分析和预测

物联网技术的应用,为物流行业提供了海量的数据。这些数据包括货物的流动轨迹、运输速度、消费者需求等。通过对这些数据的分析和挖掘,物流企业可以更好地了解物流运营过程中的瓶颈和问题,并作出相应的调整。比如,运输过程中的拥堵点和延误点可以通过数据分析及时发现,以便采取对策提高运输效率。此外,物联网技术还可以通过数据分析,预测未来货物的需求量和流向,帮助物流企业做出合理的计划和决策。

（三）物流链条的整合与协同

物联网技术在物流行业中的应用,使得各环节之间可以实现更好的协同和整合。通过传感器、无线通信和云计算等技术,物流企业可以与供应商、生产商、零售商等合作方进行实时的信息共享和协同配合。比如,仓库可以实时获取供应商的货物信息,进而根据需求进行及时补货;零售商可以实时获取物流企业的运输信息,以便准确地安排上货时间等。物联网技术的应用,将物流链条中的各个环节紧密联系起来,实现了信息的高效传递和资源的充分利用。

（四）安全性和可追溯性

随着物联网技术的进步,物流行业的安全性和可追溯性得到了极大的提升。传感器和监控设备的应用使得物流企业能够实时监控货物的安全性,比如实时监测货物是否被人为破坏、盗窃等。此外,物联网技术还使得物流企业能够对货物的流向和运输过程进行全程追溯,确保货物的安全和合规性。这对于食品、药品等行业的物流尤为重要,能够提高消费者对产品质量和安全的信任。

（五）提高物流效率

物联网技术的应用可以实现物流信息的实时传输和处理,大大提高了物流的效率。例如,在仓储管理中,物联网技术可以实现对货物位置的追踪,避免由于货物不在位而造成的物流延误。

（六）降低物流成本

物联网技术的应用可以实现物流信息的自动化处理,减少了人工操作环节,从而降低了物流成本。例如,在物流运输中,物联网技术可以实现对路线的优化规划,提高运输效率,减少运输成本。

（七）提高物流安全性

物联网技术可以实时监控物流过程中的各个环节,对异常情况进行预警和处理,从而提高物流的安全性。例如,通过物联网技术可以对车辆的行驶状态进行监控,确保货物的安全运输。

总之,物联网技术对物流行业的影响是深远的,可以提高物流效率、降低物流成本,并提高物流安全性。物联网的应用将为物流行业带来更多的创新和发展机遇。物联网技术对于物流行业产生了巨大的影响。自动化和智能化的发展,使得物流企业的运营效率得到了极大的提升;数据分析和预测的应用,使得物流企业能够更好地了解市场需求和作出决策;物流链条的整合和协同,促使各个环节之间的配合更加紧密和高效;同时,物联网技术还提高了物流行业的安全性和可追溯性,增强了消费者的信任。物联网技术无疑将持续地推动着物流行业的创新和发展,为未来的物流行业带来更多的机遇和挑战。

第二节　物联网在现代物流中的应用及未来趋势

一、物联网在物流网中的应用

（一）物联网在货物运输中的应用

以一家做冷链业的第三方物流公司为例。这家公司拥有自己的冷藏车队和冷藏库,每辆车都装有 GPS/GIS(全球卫星定位系统/地理信息系统定位系统),此时接到了一家公司的长期物流运输业务,需要经常将原料由一家国外工厂运到国内该公司。这时,物流公司首先同原料厂和雇主实现信息共享。其次,公司下达原料订单后,物流公司在每份原料包装嵌入 RFID 芯片,芯片具有温湿度感知功能。原料装入安有 RFID 芯片的冷冻集装箱。经海船到达国内港口以后,装有原料的冷冻柜经过海关检验,由港口车辆存放到临时仓库,因海关和港口采用了 RFID 技术,不但实现了通关自动化,物流公司和雇主还可以随时了解货物的位置和环境温湿度。根据雇主的要求,物流公司用配备有 RFID 读取设备的冷藏车辆将一部分原料送入仓库,另一部分原料送往生产基地。最后,送往仓库的原料卸货检验后,由叉车和嵌有 RFID 的托盘,经过具有 RFID 读取设备的过道,安放到同样具有 RFID 读取设备的货架。这样,物品信息自动记入信息系统,实现了精确定位。由于使用了 RFID 技术,仓库内的包装加工、盘货、出库拣货同样高效无误。而且当冷库中货架上的货品数量降低到安全库存以下时,系统也会自动发出补货请求。如果是陆运,由于高速公路沿途设有 RFID 读取器,不但可以实时监控货物位置,也可以防止物品的遗失、调包、误送。从原料出厂,到运输、货物跟踪、检验、入库等,整个供应链上的任何一家企业通过计算机查询都一目了然。

(二)物联网技术在物资仓储监控系统中的应用

大宗物品如粮食、燃油、棉花、金属、石油等,事关国计民生,战略地位非常重要。可以利用物联网技术,对仓库进行远程物联网监控,实现大宗物品的安全监控与管理。

1.物联网物资仓储监控系统组成

(1)温湿度采集子系统

温湿度采集子系统采用温湿度传感器,可以实时采集库区的各子区环境温湿度,通过传输设备把数据上传至监控中心。

(2)视频监控子系统

在仓库各监控区域放置摄像机和嵌入式 DVR(Digital Video Recorder,数字视频录像机),通过网络可以直接传输到监控中心,管理人员可以实时监控到物资库各防区状态。

（3）出入口控制子系统

出入口控制子系统可以采用指纹识别或 IC 卡技术对进出人员进行身份控制，并且实现对物资库守库及巡检人员的管理。

（4）入侵报警子系统

入侵报警子系统针对防护区周界进行安全管理。

（5）通信子系统

通信子系统采用光纤及以太网技术，进行数据传输管理及保安的通信等。

（6）中心监控管理系统

中心监控管理系统方便管理人员对物资库的集中监控和管理。

2. 物联网物资仓储监控系统的功能

（1）温湿度远程监视

在中心集中监视各库区温湿度，通过安装在不同地点的不同数量的温湿度传感器和传输控制器，可以把温湿度的实时变化传送到监控中心，并且通过温湿区设置，对超过范围的区域进行告警，并可以结合电子地图进行实时显示。

（2）远程图像监控功能

通过安装在各库区大门处的摄像机和嵌入式 DVR，管理人员在监控中心即可以对物资库的运送等具体情况进行监控和管理。物资库防区（主要是大门）的各监控点图像数据信号通过网络专线传输到监控中心，在监控中心的计算机屏幕上保持多个画面处于 24 小时实时常态监视之下，其他画面可切换观看。

（3）实时数据存储

监控中心对电视监控图像及温湿度等数据进行记录和存储，资料保存一定时期，以方便处理温湿度变化曲线，对出现的告警事件进行图像回放等。防止偷窃等事件发生，并且通过与指纹门禁的联动，可以真正起到预防作用。例如，设置如果需要打开大门，则必须先验证指纹，通过后才可以打开大门，否则将告警并与图像监控联动。

（4）远程控制功能

监控中心可对前端库点下达指令，控制库点内的监控设备和门锁。控制指令通过通信线路传送到相应的监控远端执行相应的动作，如报警布/撤防、云台镜头控制、重启主机、开启电控门锁等。

（5）出入口控制功能

通过指纹识别技术对禁区出入人员进行控制管理，避免了使用传统的钥匙、IC卡等方式发生丢失、盗用等造成的损失。在某些不适合使用指纹识别的场所，可以部分采用射频卡技术，而在关键场所必须采用指纹识别技术以避免身份的盗用。

（6）人员的管理功能

通过前端的指纹识别终端和中心管理软件，可以对守库人员及定时巡检人员进行管理，有效提高人员责任心，使管理到位。

（7）入侵报警功能

通过接在门禁控制器或 DVR 主机上的入侵报警设备和按钮，系统实现对防区的入侵报警及紧急报警功能。

（8）保安通信功能

通过对讲系统，可以实现和监控实时通信，进行及时有效的警情处理并方便管理。

（9）安防联动功能

通过多种产品组合，可以实现报警、门禁和视频的联动，如发生入侵报警，系统则自动关闭相关出入口，并且进行实时录像和中心画面切换。

（10）中心集中管理功能

通过网络对监控门禁设备、进出人员授权、报表等进行集中管理，有效降低客户的投资，并且大幅提高管理效率。

（三）物联网在制造业物流系统中的应用

随着现代制造业物流发展，需要对单个物料单位、半成品、成品、生产线生产流程进行记录和管理，以便提高生产管理水平，整合优化制造业生产环节业务流程，提高产品质量控制和监督，提高客户服务质量，理清可能的质量事故责任人和出处，从而完成对每个产品从成品到物料、从生产到计划的完全追溯。为此人类开发出生产流程和追溯管理软件,建立以追溯数据管理为核心,以实现质量控制、流程控制和产品服务系统化、规范化为目标的软件系统,即生产追溯管理系统(Manufacture Traceable System,MTS)。

MTS生产追溯管理系统要实现的总体目标是指实现生产流水线的每个工序的生产状况及在生产过程中的数据操作的准确化和系统化,建立产品生产控制跟踪,实现从成品到半成品再到物料的可监控、可追溯,从而完成产品生产的内部流程追溯管理,以及外部进出的源头追溯和数据管理。

系统采用RFID或条码或两者同时的编码方式进行数据管理和追溯,保证从每个单位物料到产品的唯一性。

RFID-MTS基本功能如下:①通过对物料的ID(BarCode或RFID)进行扫描来记录物料的使用及现有状况和来源;②通过对半成品在生产中所经历过的工序记录和数据统计来跟踪其生产细节,可以在返品处理或生产过程中追踪到在生产中的哪道工序、哪些物料、哪个机型、哪些人员等存在问题,并采取相应的措施来进行修正;③通过对成品的包装、入库、库内调整、出库,还有质检等工序记录、统计来跟踪成品在最后阶段的状况,以便需要时进行查询操作;④最后实现对整个生产从物料到半成品再到成品的单个、类别及全部的产品追溯、质量控制和流程管理,建立完整的生产追溯管理系统平台。

二、物联网在物流业应用的未来趋势

如今物联网已经逐步应用到各个行业中,比如通信和工业,与此同时也在向金融、物流、零售和医疗保健等领域渗透,下面是北京研精毕智整理的关于全球物联网行业未来的六大发展趋势。

(一)市场供给主导需求方向

目前物联网市场发展的驱动力主要由供给侧提供,其中以通信服务和硬件终端占比较高,行业内的头部企业陆续进行布局,物联网市场中的企业数量迅速增加。在物联网行业的细分领域中,通信基本设施是主要的市场,作为物联网感知层和网络层的关键环节,在整个产业链中处于核心地位。

在物联网应用逐步拓宽的过程中,市场需求以消费级应用为主,如智能家居是产业中规模化的领域之一,近几年在家庭监控、智能音箱等市场出货量也在增长。

(二)产业物联网连接数将会实现倍数增长

在物联网向各个行业渗透的过程中,行业的信息化和联网水平提高,其中产业物联网连接数占比逐渐增加,在 2017 年到 2025 年期间将实现倍数增长,大于消费物联网连接数的增长幅度。

(三)车联网逐步落地

车联网作为物联网在智能交通领域的应用,主要是借助信息和通信技术,通过安装在车辆上的车载设备,实现对信息网络平台中的车辆动态信息的有效利用,这可以在一定程度上为车辆运行提供功能服务,提高汽车价值的自动化水平。

(四)智慧物流产业发展进程加快

在物联网、大数据等信息技术的发展之下,物流产业正在经历向智慧物流转型的阶段,智慧物流以物联网和大数据等信息技术作为支撑,在物流的运输、仓储、流通加工和信息服务等各个环节实现系统感知和及时处理的功能。

(五)智能物联网应用更加丰富

在全球范围已有越来越多的设备主动连接到 Internet,5G 技术的普及将会实现更多设备的连接,通过这些连接的设备发送更多数据,提高数据传输的效率。

(六)人工智能创新变得愈加关键

在物联网产业的运行基础架构中,将会越来越依赖于 AI 技术,物联网云服务以微软、谷歌和亚马逊等企业为主,为用户提供服务机会,AI 技术可以协助 IoT 进行数据分析,以更高的时间序列准确定位和实时定位提高物流等领域的效率。

在科技的不断发展之下，物联网将会在全球经济增长中占据越来越大的比重，在这六种发展趋势的背景之下，全球物联网领域将会发生巨大的变化。

第七章

供应链与供应链管理

第一节 供应链的概述

一、供应链的定义

供应链是围绕核心企业,通过对信息流、物流、资金流的控制,从采购原材料开始,制成中间产品以及最终产品,最后由销售网络把产品送到消费者手中的将供应商、制造商、分销商、零售商直到最终用户连成一个整体的功能网链结构模式。

从以上对供应链的定义可以看出以下几方面内容。

(一)供应链是一个系统,是人类生产活动和整个经济活动的客观存在

人类生产和生活的必需品都是从最初的原材料生产、零部件加工、产品装配、分销、零售直到最终消费的过程,这里既有物质材料的生产和消费,也有非物质形态(如服务)产品的生产(提供服务)和消费(享受服务)。

(二)供应链是由相关企业构成

供应链包含所有涉及提供给最终消费者产品和服务的企业,从最初的原材料供应商开始,到中间的制造商、组装商、分销商和零售商,直到最终客户。

(三)供应链中存在核心企业

核心企业主导供应链的构建,可能是制造企业,也可能是零售或其他类型的企业,这要视该企业在供应链中的作用而言。

(四)供应链是一种网络

供应链是不同企业间的物流、信息流、资金流的交换与流动构成的网络,这个网络促成供应链上的企业通过计划、生产、存储、分销、服务等这样一些活动而形成衔接,从而使供应链能满足内外部顾客的需求。

(五)供应链是一条增值链

物料在供应链上因加工、包装、运输等过程而增加其价值,给相关企

业都带来收益。

二、供应链的特征

(一)整体性

供应链是一个有机的整体,是合作伙伴间的功能集成。如果企业要打造真正的以供应链为核心的市场能力,就必须从最末端的供应控制开始,到最前端的消费者,在整个供应链流程上不断优化、建设和集成外部资源,供应链系统的整体功能集中表现在供应链的综合竞争能力上。

(二)层次性

运作单元、业务流程、成员企业、供应链系统构成了供应链不同层次上的主体,每个主体具有自己的目标、经营策略、内部结构和生存动力。供应链是一个系统,同时也是它所从属的更大系统的组成部分;供应链各成员企业分别都是一个系统,也是供应链系统的组成部分,它们往往分布于不同的行业、不同区域或不同阶段,自成体系地承担着在供应链中的不同工序;同时,各成员企业为实现自身运作单元、业务流程,又可能构筑一条相应的分支供应链,从而形成了多层次、多维度、多功能、多目标的立体网链。从系统层次性的角度来理解,相对于传统的基于单个企业的管理模式而言,供应链管理是一种针对更大系统(企业群)的管理模式。

(三)动态性

供应链的动态性一般表现在供应链成员的不稳定性及成员间关系的不稳定性。这主要是由于企业战略和适应市场需求变化时,供应链结点企业需要动态的更新。一般情况下供应链处于稳定状态,但市场需求变化时,供应链成员企业会在利益的引导下决定是否为共同利益而参与合作,这必然会导致结点企业数量的调整;同时,由于成员企业间的竞争合作关系,一旦某企业的经济实力发生改变,其在供应链上的地位也会发生改变,从而造成供应链结点企业间的关系变化,这些都决定了供应链是一个动态的系统。

（四）目的性

供应链系统有着明确的目的,就是在复杂多变的竞争环境下,以最低的成本、最快的速度、最好的质量为客户提供最满意的产品和服务,通过不断提高客户的满意度来赢得市场,这也是供应链各成员企业的共同目的。可以说,供应链的形成、存在、重构都是基于最终客户需求而发生,这种需求拉动是供应链里流动的物流、信息流、知识流、资金流等相互交换、共同运作实现对市场的迅速、有效反应的驱动源。

第二节　供应链管理的产生

当今世界各种技术和管理问题日益复杂化和多维化,这种变化促使人们认识问题和解决问题的思维方法也发生了变化,逐渐从"点—线"的线性空间思考向"面"和多维空间思考转化,管理思想也从纵向思维朝着横向思维方式转化。合作正成为国际管理学界和企业界的热门话题和新的追求,供应链管理就是其中一个典型代表。

一、供应链管理产生的背景

在过去的几十年中,人们对供应链管理的兴趣快速地增长并且还在上升,这一趋势是由多方面因素导致的。

（一）企业外部竞争环境的变化

1. 对产品及服务的要求越来越高

随着市场竞争的加剧以及消费者消费观念的转变,产品及服务所面临的要求也越来越高,这一变化的结果促使企业必须重新审视自身竞争优势和消费者的需求特点。随着时间推移,竞争因素逐渐从成本、质量演化为应变能力、交货时间、定制化及环保性等,消费者的需求结构普遍向高层次发展,希望得到按照自己要求定制的产品或服务。企业也发现最好的产品和服务是和客户一起设计的,这就促使供货商、制造商、零售商及最终客户必须紧密联系起来共同完成任务。

2. 信息和网络的应用是供应链管理的使能器

网络信息技术的发展进一步推动了制造业的全球化和网络化过程。虚拟制造、动态联盟等制造模式的出现,更加迫切需要新的管理模式与之相适应。信息和网络的广泛应用,提供了获取供应链所有组成部分复杂数据的路径。特别是互联网和电子商务的应用,对企业的影响十分显著。无线射频(RFID)、无线传感(WSN)等一些新技术的产生,为企业供应链管理水平的进一步提高提供了更多可能性。

(二)企业运营过程呈现出新特征

1. 成本节省成为企业获得利润的重要源泉

随着市场需求结构由供小于求变成供大于求,企业对利润的追求也从销售额的增加转变为成本的节省。许多公司通过有效的计划和供应链管理节省了大量成本,为行业起到了示范作用。沃尔玛与供应商新的战略性合作的成功实施就是一个很有力的例子,具体来说有供应商管理库存(Vendor Managed Inventory)以及交叉转运(Cross Docking)的创新物流战略。

2. 外包的兴起使企业对供应链管理更加重视

供应链管理体系形成和发展的原动力来自企业追求效益的原始本能,是企业获得核心竞争力的有效方式。供应链管理体系在不断地寻找约束和消除约束的动态循环中持续改进,从而使供应链网络结构、业务流程和管理组件更加稳定、优化和适应环境。

二、供应链管理产生的必然性

供应链管理是新的管理理念,在许多方面表现出不同于传统管理思想的特点。因此,供应链管理的产生是有其必然性的。"外包"即利用企业外部资源快速响应市场需求,通过共同的市场利益和业务结成战略联盟。外包形成了一条从供应商到制造商再到分销商、零售商的贯穿所有企业的"横向合作链"。由于相邻结点企业表现出一种需求与供应的关系,当把所有相邻企业彼此连接起来,便形成了供应链(Supply Chain),

这条链上的结点企业必须达到同步、协调运行,才有可能使链上的所有企业都能受益,于是便产生了供应链管理(Supply Chain Management, SCM)这一新的经营与运营模式。

第三节　供应链管理的内涵

对供应链这一复杂系统而言,要想取得良好的绩效,必须找到有效的协调管理方法,供应链管理的思想就是在这种环境下提出的。对于供应链管理,有许多不同的称呼,如有效用户反应(Efficient Consumer Response,ECR)、快速反应(Quick Response,QR)、虚拟物流(Virtual Logistics,VL)或连续补充(Continuous Replenishment,CR)等,这些称呼因考虑的层次、角度各异而不同,但都通过计划和控制实现企业内部和外部之间的合作,实质上它们在一定程度上都集成了供应链和增值链两个方面的内容。

一、供应链管理的概念

供应链的概念和传统的销售链不同,它已跨越了企业界限,从建立合作制造或战略伙伴关系的新思维出发,从产品生命线的"源"开始,到产品消费市场的"汇",从全局和整体的角度考虑产品的竞争力,使供应链从一种运营性的竞争工具上升为一种管理性的方法体系。在"以客户为中心"的理念推动下,供应链管理已经成为表征企业核心竞争力的一项重要指标,并成为企业生存和发展的基本保障。其清晰地勾画出了供应链管理的定义和特点,有助于深入剖析供应链管理的内核。

对于供应链管理的概念,可以从以下几方面来把握。

第一,供应链管理把对成本有影响和在产品满足客户需求的过程中起作用的每一方都考虑在内,包括供应商和制造工厂、仓库和配送中心、批发商、零售商以及商店。

第二,供应链管理的目的在于追求效率和整个系统的费用有效性,使系统总成本达到最小。这个成本包括运输成本、配送成本以及库存成本。因此,供应链管理的重点不在于简单地使运输成本达到最小或减少库存,而在于用系统方法来进行供应链管理。

第三,因为供应链管理是围绕着供应商、制造商、分销商(包括批发商和零售商)有效率地结合成一体这一问题来展开的,因此它包括公司许多层次上的活动,从战略层次到战术层次一直到作业层次。

二、供应链管理的内容

供应链管理的内容主要涉及四个层面,即核心层、规划层、业务层和支持层。

可以将供应链管理的整体内容看成一个房屋,房顶是供应链管理的核心层,体现为供应链的战略定位,具体来说就是识别核心能力,构建竞争优势,通过战略匹配实现合作共赢;左右墙体是供应链管理的业务层,包括供应链的运作管理、采购管理、分销管理及库存管理,业务层是供应链管理的主要面向对象;房间是供应链管理的规划层,是供应链核心企业构建主体网络和客体网络而形成的运作框架,供应链网络规划合理与否对业务层各职能的运转效率有至关重要的影响;房基是整个供应链管理的支撑层,包括供应链的信息集成、契约管理及融资管理,它为供应链的流畅运转提供了扎实而有效的基础保障。

(一)供应链管理的核心层

供应链管理的理念是识别供应链核心企业的优势核心业务,把非核心业务外包给具有竞争优势的成员企业;结点企业之间尽管存在一定的竞争,但更多体现出合作关系,通过合作实现共赢。构建供应链系统最关键的就是确定供应链的战略定位,具体内容包括供应链战略的组成部分及要点,供应链能力与企业战略及客户需求的匹配,供应链核心企业应该如何进行供应链外包或自营业务决策,供应链运营绩效的驱动力及评价指标可从供应链交货的可靠性、供应链的响应性、供应链的柔性、供应链的成本和供应链的资产管理效率等五个方面共同构成供应链运营绩效的评价指标体系。

(二)供应链管理的业务层

1.供应链运作管理

供应链运作管理需要对制造产品和提供服务的过程进行组织、计划、实施和控制。具体包含的内容有:供应链运作模式的演进及竞争因素的变迁,不同类型的供应链运作模式,具体包括以下三种:①推动式供应链模式。推动式供应链模式是以为制造商为核心,并将产品通过分销商推荐给客户的一种模式。②拉动式供应链模式。拉动式供应链模式是以订单为核心来确定产品的生产量的一种模式。③推拉结合供应链模式。推拉结合供应链模式是指结合推动式供应链模式和拉动式供应链模式两者特点的一种模式。

2.供应链采购管理

供应链采购管理影响着企业物资供应库存水平、生产计划的完成、顾客服务水平等,是提高供应链上企业同步化运营效率的关键环节。具体包含的内容有:供应链下采购的组织、与物料匹配的采购策略、集中与分散采购策略、准时化采购策略、订单的合并策略以及供应商的评选。

3.供应链分销管理

供应链分销管理是对产成品从制造商到配送中心再到最终消费者的整个过程的管理。具体包含的内容有:供应链分销管理的内涵及主要内容,识别客户价值和客户感知价值,对客户关系进行分类,分散式库存与集中式库存的效果比较,与集中式库存和分散式库存相关联的集中式和分散式配送战略。

4.供应链库存管理

供应链库存管理通过平衡产品存货水平缓解供给与需求之间的矛盾,对于任何企业都是至关重要的。具体包含的内容有供应链库存的类型,供应链库存的影响因素,独立需求库存控制策略,循环库存和安全库存的确定以及相应的订货模型,供应商管理库存模式和供应链联合库存管理及多级库存管理。

（三）供应链管理的规划层

供应链网络规划包括主体网络规划和客体网络规划两个层面。供应链主体网络的构建需要考虑参与企业的网络位置以及由此形成的网络强度，网络位置和网络强度确定了企业间的合作关系，进而可以实现资源的协调，这体现了供应链的组织能力；供应链客体网络的结构取决于采购、库存、分销、运输和选址等驱动要素，要充分考虑网络密度和网络流量，而网络密度、网络流量和信息共享的程度共同决定了客体网络的运作效率，当效率较低时，就需要考虑进行流程再造，这体现了供应链的技术能力。可以说，供应链网络规划对供应链整体运转效率至关重要。具体内容包括供应链网络规划的内涵、原则及重点，供应链参与主体及物流客体的网络结构，供应链合作关系的目标以及如何构建合理的合作关系，基于供应链战略和数据收集的基础上优化和完善物流网络方案，供应链业务流程再造。

（四）供应链管理的支持层

1.供应链信息管理

为了保证供应链能够顺畅地运作，信息系统的支持作用必不可少。供应链信息管理的内容包含了供应链管理面临的挑战，供应链信息技术的目标，供应链信息流的共享与集成，供应链信息系统的技术架构，供应链信息管理系统的组成以及电子商务环境下的供应链信息管理。

2.供应链融资管理

基于供应链核心企业信用的供应链金融是解决供应链上下游中小企业资金困难的有效途径。供应链融资管理的主要内容包括供应链金融的内涵，供应链融资相较于其他融资方式的优势，供应链金融的参与主体，典型的供应链融资模式，还要注意识别供应链融资的风险及管控。

3.供应链契约管理

通过构建供应链契约可以有效保障供需双方的权益并界定其责任。供应链契约管理的主要内容包括供应链契约涉及的主要内容，契约缔结过程中可能遇到的障碍，定价管理和定价模型，典型的供应链契约模式以及影响供应链契约效果的因素等。

三、供应链管理的意义

有效实施供应链管理对企业具有非常重要的意义。供应链管理利用现代信息技术,通过改造和集成业务流程、与供应商以及客户建立协同的业务伙伴联盟、实施电子商务,大大提高了企业的竞争力,使企业在复杂的市场环境下立于不败之地。

(一)供应链管理可以节约企业总成本

供应链管理的实施可以使企业总成本下降,能取得这样的成果,完全得益于供应链企业间的互相合作、互相利用对方资源的经营模式。采用了供应链管理模式,则可以使企业在最短时间里寻找到最好的合作伙伴,用最低的成本、最快的速度、最好的质量赢得市场,并且受益的是一个企业群体。因此,供应链管理模式吸引了越来越多的企业。

(二)供应链管理可以增强成员企业的竞争优势

现代企业的业务越来越趋向于国际化,优秀的企业都把主要精力放在企业的关键业务上,并与世界上优秀的企业建立战略合作关系,将非关键业务转由这些企业完成。现在行业的领头企业在越来越清楚地认识到保持长远领先地位的优势和重要性的同时,也意识到竞争优势的关键在于战略伙伴关系的建立。

供应链管理的理念强调的正是将多个企业联合起来,为共同的利益而奋斗,共同抵挡外来竞争并在竞争中获胜。众多企业联合所产生的竞争力远远大于各个企业力量的简单加总。通过构建快速反应市场需求、战略管理、高柔性、低风险、成本、效益目标等优势,增强抵御市场不确定性的能力,从而大大增强企业乃至整个供应链的竞争优势。

(三)供应链管理的优势的可持续性

供应链管理的最大优势在于供应链中的上下游企业形成战略联盟,它们通过信息共享,形成双赢关系,实现社会资源的最佳配置,降低社会总成本,提高各企业和整个供应链的效益。

供应链管理作为一种新型的管理理念、模式和一套实际的管理系统,已被越来越多的企业所认识、接受和采用。在当前环境下,从供应链管理的角度来考虑企业乃至整个供应链的经营活动,可以充分发挥个企业的核心能力,对广大企业提高竞争力将是十分重要的。通过实施供应链管理,供应链上的企业可以在以下方面获得满意效果:开发新产品,使产品或服务进入新市场;开发新分销渠道,提高售后服务水平和用户满意程度;降低库存持有成本、运输和仓储物流成本、单位制造成本,提高效益和效率等。

实施供应链管理带给企业的优势十分明显,但供应链管理不是一件容易的事。这是因为:一方面,供应链成员的某些目标之间会有冲突;另一方面,供应链是一个动态的系统,顾客需求变化、供应商能力变化或者供应链成员关系变化都会增加供应链管理的复杂性,动态系统的资源优化配置难度更大。而恰恰是因为供应链管理的不易,使得供应链管理带给企业的优势是可持续的。

第四节　供应链管理的应用

一、供应链管理的关键业务流程

成功的供应链管理需要一个转变,即从单独功能部门管理转变为将所有活动集成为一个关键供应链进行管理。供应链管理业务流程具体包括客户关系与客户服务管理、供给管理、订单执行、生产流管理、采购和供应商关系管理、产品研发以及退货与逆向物流管理。

(一)客户关系与客户服务管理

面向供应链管理的第一步是定义关键的客户或客户群落,这一组织目标是企业经营使命的核心和关键。这是一种以客户为中心的管理思想和经营理念,通过在市场、销售、服务与技术支持等与客户相关的领域内,提供快速和周到的服务吸引和保持更多的客户,从而完善客户服务并深入分析客户需求以供预测。另外,客户关系和客户服务管理还通过对营销业务流程的全面管理来降低产品的销售成本,保证客户价值的实现。

(二)需求与供给能力匹配管理

需求与供给管理过程是将客户的需求与企业的供应能力相匹配和平

衡的过程。到目前为止,无规律订单客户需求是不确定性的最大来源,因此,接收订单时需要进行多资源和多路由的选择。在现有的供应链管理中,需求与供给能力匹配管理是非常重要的一个环节。

(三)客户订单接受与履行管理

客户订单接受与履行管理实际上是一个根据市场和客户的需求,最大限度地利用企业自身的和供应链上其他成员能整合的资源,按时、按质和按量地满足客户订单需求的过程。该过程将企业各相关部门的计划集成在一起,并与供应链上的相关成员企业的业务紧密联系起来,共同在尽可能减少总交货成本的情况下满足客户需求。

(四)生产流程最优化运营管理

过去,企业提供产品多是采用"推"式的驱动方式,尤其是在面向库存的生产过程中,产品是由物料需求计划(Material Requirement Plan,MRP)推动进行生产的,这常常会生产出不符合市场和客户需求的产品,造成不必要的库存,进而导致成本增加。为了更灵活地响应市场变化,产品生产开始转向由客户需求拉动。在这种模式下,企业的生产计划人员与客户服务的计划人员必须协同工作,缩短生产制造流程周期时间和改进生产过程的柔性,以便整条供应链能快速地实现所有调整以适应大量的客户化要求。

(五)采购和供应商的关系管理

供应商关系管理(Supplier Relationship Management,SRM)是指在对企业的供方,包括原料供应商、设备及其他资源供应商、服务供应商等以及与供应方相关的信息进行完整有效管理与运用的基础上,对供应商提供的产品或服务、信息交流、项目合同以及相关的业务决策等进行全面的管理与支持。供应商关系管理要求有策略地管理与供应商的关系,并获得战略性的资源,与供应商一同支持产品的生产制造。

(六)上下游产品联合开发管理

新产品是企业活力的源泉。由于产品生命周期的不断缩短,企业为了保持其竞争力,必须不断开发出新产品,并成功地将产品推向市场。为了缩短产品投放市场的时间,企业必须将客户和供应商的相关业务流程都集成到产品开发的过程中。产品开发和商品化过程需要采用客户关系管理和供应商管理技术，协同地确定客户的需求，将产品开发、生产制造流程与市场相结合，为客户提供合适的产品。

（七）退货和废旧回收物流管理

退货和回收物流作为一个逆向业务过程，同样提供了取得持续竞争优势的机会。有效的逆向物流管理能够使企业改善市场形象并获取更多的市场机会，更好地改善与客户之间的关系，提高资产的利用率，降低成本。

二、供应链管理的发展趋势

随着经济环境、网络信息技术、全球动态联盟等的不断发展和变迁，现代供应链管理也将向信息化、智能化和绿色化等方向发展。

（一）信息化供应链管理

优化供应链管理的实现，不仅需要高效快速的物流、资金流，更需要快速、准确的信息流。而电子商务的迅速发展，为信息流的快速、准确提供了保证。通过构建基于电子商务的信息化供应链，可以优化业务流程、降低运行成本和管理费用，使物流作业、运营与控制都得以信息化，并通过电子化手段实现供应链及物流的高效率运作。

（二）智能化供应链管理

在信息化供应链的基础上，通过集成全球定位系统（GPS）、电子数据交换（EDI）、射频识别技术（RFID）、条形码（Code）、无线传感（WSN）等技术手段，实现具有一定智能的自动化、可视化的高效供应链集成系统，以确保产品和服务可以不间断地由供应商流向最终客户。

（三）绿色化供应链管理

绿色化供应链是指通过资源的最优配置、增进福利、实现与环境相容为目标，从资源开发到产品的消费过程中物料获取、加工、包装、仓储、运输、销售、使用到报废和回收等一些活动的集合，是一种融合了资源减量、环境友好的供应链管理决策模式，也是企业提高竞争优势的一项具有长远利益的战略武器。

第八章

供应链管理背景下的
信息技术应用及软件分析

第一节 信息技术在供应链管理中的应用

信息流是供应链管理中的关键因素,信息技术已经被视为提高企业生产效率和获得竞争优势的主要来源。供应链中各企业利用信息技术实现信息及时互通,借此作出精确的预测和决策,从而缩短订货提前期、降低库存水平、提高搬运和运输效率、提高订货和发货精度以及回答顾客的各种信息咨询和诉求,提高供应链的整体竞争力。目前,企业之间的竞争已经转化为供应链之间的竞争,而供应链竞争中的速度完全由信息技术来控制。因此,不断推出先进适用的信息技术,并在供应链中进行应用和集成,是提高客户服务水平和供应链竞争能力的重要手段。

信息技术指各种以计算机为基础的工具,人们用它来加工信息,并支持组织对信息的需求和处理信息的任务。

在信息社会中,企业能否在激烈的市场竞争中生存和发展,关键要看企业能否及时有效地获得生产经营管理中所需的各种信息。供应链中的信息可以分成两大类,即供应链各节点间的信息和各节点企业内部的信息。而企业内部的信息根据企业的管理层次又可以分为三层,即作业级信息、战术级信息和战略级信息。信息是企业各层级、供应链各成员间密切配合和协同工作的黏合剂。供应链作为一种"扩展"的企业,其信息流动和获取方式不同于单个企业的情况。在由网络信息系统组成的信息社会里,各种各样的企业在发展的过程中相互依赖,形成一个共生共存的生物化企业环境,每一条供应链好像一条食物链。要做到整个供应链上的信息能够共享,必须建立面向供应链管理的新的信息系统,这种系统与每个企业原有的基于单个企业的信息系统是不一样的,这需要对信息的组织模式和规划策略行重新设计。当今社会每天在全球范围内发生数以百万计的交易,每一笔交易的背后都伴随着产品的运动(物流)以及资金的运动(资金流)和信息的运动(信息流),供应链上的贸易伙伴都需要这些信息以便对产品进行发送、跟踪、分拣、接收、提货、存储等。随着信息数量的增加,供应链上贸易伙伴的组织费用、数据处理费用以及管理费用都在大幅度增加。因此,对供应链上的信息进行精确、可靠及快速的采集和传送变得日益重要。

信息共享是实现供应链管理的基础。供应链的协调运行建立在各个节点企业高质量的信息传递与共享的基础之上,因此,有效的供应链管理离不开信息技术提供可靠的支持。信息技术的应用有效地推动了供应链管理的发展,它可以优化业务流程,提高信息的准确性,提高效率,最终实现企业利润的提高。这些技术主要包括射频识别技术、地理信息系统技术、全球定位系统技术、EDI 技术等。

一、射频识别技术在供应链管理中的应用

射频识别(Radio Frequency Identification,简称 RFID)技术是 20 世纪 90 年代兴起的一种非接触式的自动识别技术。RFID 技术的基本原理是电磁理论,它通过射频信号自动识别目标对象并获取相关数据,识别工作无须人工干预,可工作于各种恶劣环境。RFID 技术可识别高速运动物体并可同时识别多个标签,操作快捷方便。

最基本的 RFID 系统由三部分组成:标签(Tag)、阅读器(Reader)和天线(Antena)。标签由耦合元件及芯片组成,每个标签具有唯一的电子编码,一般保存有约定格式的电子数据,在实际应用中,附着在物体表面以标识和识别目标对象。阅读器是读取(有时还可以写入)标签信息的设备,可无接触地读取并识别电子标签中所保存的电子数据,从而达到自动识别的目的。通常阅读器与电脑相连,所读取的标签信息被传送到电脑上进行下一步处理。阅读器可设计为手持式或固定式。天线在标签和读取器间传递射频信号,标签和阅读器之间采用无线通信方式传递信息。阅读器与标签之间进行信息传递的耦合方式有三种:静电耦合、感应耦合和微波。

物流过程应用的射频识别一般是感应耦合方式的系统。感应耦合射频识别系统的工作过程如下。射频阅读器的天线在其作用区域内发射能

量形成电磁场,载有射频标签的物品在经过这个区域时被读写器发出的信号激发,将储存的数据发送给阅读器,阅读器接收射频标签发送的信号,解码获得数据,达到识别目的。由于射频识别技术应用涉及使用频率、发射功率、标签类型等诸多因素,目前射频标签尚没有像条码那样形成在开环系统中应用的统一标准,因此主要是在一些闭环系统中使用。

RFID 系统的优点是不局限于视线,识别距离比光学系统远,射频识别卡具有读写能力、可携带大量数据、难以创造和具有智能功能等。

RFID 系统的一些典型应用包括:物流和供应链管理、生产制造和装配、航空行李处理、邮件/快运包裹处理、文档追踪/图书馆管理、动物身份标识、运动计时、门禁控制/电子门票、道路自动收费等。

在供应链管理的物流中,可以用射频标签跟踪和保护财产。将标签贴在货柜车和货上,结合 GPS 系统,可以有效地对货柜车、货舱进行跟踪。

将 RFID 系统用于智能仓库货物管理,能有效地解决与货物流动有关的信息管理,不但增加了处理货物的速度,还可监视货物的一切信息。标签贴在货物所通过的仓库大门边上,阅读器和天线都放在叉车上,每个货物都贴有条码,所有条码信息都被存储在仓库的中央计算机里,与该货物有关的信息都能在计算机里查到。当货物出库时,由另外的读写器识别并告知中央计算机它被放在哪个拖车上。这样,管理中心可以实时地了解已经生产了多少产品和发送了多少产品。

二、地理信息系统技术在供应链管理中的应用

(一)地理信息系统概述

地理信息系统(Geographic Information System,简称 GIS)是多种学科交叉的产物,它以地理空间数据为基础,采用地理模型分析方法,适时地提供多种空间的和动态的地理信息,是一种为地理研究和地理决策服务的计算机技术系统。地理信息系统的主要特征是存储、管理、分析与位置有关的信息,其基本功能是将表格型地理数据转化为地理图形显示,然

后对显示结果浏览、操作和分析。其显示范围可以从洲际地图到非常详细的街区地图,显示对象包括人口、销售情况、运输路线以及其他内容。

(二)地理信息系统的功能

GIS 的基本功能分为数据输入、数据编辑、数据存储与管理、空间查询与空间分析、可视化表达与输出五个方面。

1. 数据输入

数据输入是建立地理数据库必需的过程。数据输入主要是指将地图数据、物化数据、统计数据和文字报告等输入并转换成计算机可处理的数字形式的过程。目前可用于 GIS 数据输入的方法很多,如图形数据输入、表格数据输入、GPS 测量数据输入、属性数据输入等。可用于 G1S 数据采集的主要技术包括使用手持数字化仪跟踪数字化技术和使用扫描仪的扫描技术两类。

2. 数据编辑与处理

数据编辑主要包括图形编辑和属性编辑。属性编辑与数据库管理结合在一起完成。图形编辑主要包括拓扑关系建立、图形修改、图幅拼接、投影变换、误差校正等功能。

3. 数据存储与管理

数据存储与管理是一个数据集成的过程,也是建立 GIS 数据库的关键步骤。主要提供空间与非空间数据的存储、查询检索、修改和更新的能力。

4. 空间查询与分析

空间查询与分析是 GIS 的核心功能,也是 GIS 有别于其他信息系统的本质特征。

它包括三个层次的内容。

第一层次,空间检索:包括从空间位置检索空间物体及其属性、从属性条件检索空间物体。

第二层次,空间拓扑叠加分析:实现空间特征(点、线、面或图像)的相交、相减、合并等,以及特征属性在空间上的连接。

第三层次,空间模型分析:包括如数字地形高程分析、缓冲区分析、网络分析、图像分析、三维模型分析、多要素综合分析及面向专业应用的各种特殊模型分析等。

5.可视化表达与输出

中间处理过程和最终结果的可视化表达是 GIS 的重要功能之一。它通常以人机交互方式来选择显示的对象与形式。对于图形数据,根据要素的信息密集程度;可选择放大显示或缩小显示。GIS 不仅可以输出全要素地图,也可以根据用户需要,分层输出各种专题图、各类统计图、图表及数据等。

除上述五大功能外,还有用户接口模块,它用于接收用户的指令、程序或数据,是用户和系统交互的工具,主要包括用户界面、程序接口与数据接口。由于地理信息系统功能复杂,且用户又往往为非计算机专业人员,用户界面使地理信息系统成为人机交互的开放式系统。

(三)地理信息系统的应用

GIS 在物流中的应用主要是指利用 GIS 强大的地理数据功能来完善物流分析技术。完整的 GIS 物流分析软件集成了车辆路线模型、网络物流模型、分配集合模型和设施定位模型等几个方面。

1.车辆路线模型

车辆路线模型用于解决在一个起始点、多个终点的货物运输中如何降低物流作业费用,并保证服务质量的问题,包括决定使用多少车辆,每辆车的行驶路线等。

2.网络物流模型

网络物流模型用于解决最有效的分配货物路径问题,也就是物流网点布局问题。例如,将货物从 N 个仓库运往各个商店,每个商店都有固定的需求量,因此需要研究由哪个仓库提货送给哪个商店所耗的运输代价最小。

3.分配集合模型

分配集合模型可以根据各个要素的相似点把同一层上的所有或部分

要素分为几个组,以解决服务范围和销售市场范围的问题。例如,某一公司要设立 Y 个分销点,要求这些分销点要覆盖某一地区,而且要使每个分销点的顾客数目大致相等。

4.设施定位模型

设施定位模型用于研究一个或多个设施的位置。在物流系统中,仓库和运输线共同组成了物流网络,仓库处于网络的节点上,节点决定着线路,如何根据供求的实际需要并结合经济效益等原则,在既定区域内设立多少个仓库,每个仓库的位置,每个仓库的规模,以及仓库之间的物流关系等,运用此模型均能很容易地得到解决。

三、全球定位系统技术在供应链管理中的应用

(一)全球定位系统概述

全球定位系统(Global Positioning System,简称 GPS)是利用卫星星座(通信卫星)、地面监控部分和信号接收机对对象进行动态定位的系统。

由于 GPS 能对静态和动态对象进行动态空间信息的获取,能快速、精度均匀、不受天气和时间的限制反馈空间信息。因此,GPS 广泛用于船舶和飞机导航、对地面目标的精定时和精密定位、地面及空中交通管制、空间与地面灾害预测等领域。

GPS 系统与其他导航系统相比具有以下主要特点:全球、全天候作业;定位精度高;实时导航;抗干扰性能好、保密性强;执行操作简便;功能多、应用广。

(二)全球定位系统的应用

GPS 系统通过与各种现代物流信息技术的结合为现代物流带来新的运营方式。从对运输设备及货物的实时定位、跟踪、监测、运输调度,到辅助管理等,它对现代物流系统的合理使用及提高客户的满意度都产生了巨大的影响。

GPS 应用于物流领域,其功能主要表现在以下几方面。

1. 跟踪车辆、船舶

可以通过地面计算机终端，实时显示出车辆、船舶的实际位置，随时掌握车辆和船舶的动态。

2. 信息传递和查询

利用 GPS，一方面管理中心可以向车辆、船舶提供相关的气象、交通、指挥等信息；另一方面，也可以将运输中的车辆、船舶的信息传递给管理中心。实现信息的双向交流。

3. 及时报告

利用 GPS，及时掌握运输装备的异常情况，接收求助信息和报告信息，迅速传递到管理中心，从而实施紧急救援。

4. 支持管理

通过 GPS 提供的信息可以实施运输指挥、实施监控、规划和路线选择，向用户发出到货预报等，有效地支持大跨度物流系统管理。

在供应链管理中利用 GPS 技术实现货物跟踪管理。货物跟踪是指在供应链上的企业利用现代信息技术及时获取有关货物运输状态的信息（如货物品种、数量、货物在途情况、交货期间、发货地和到达地、货物的货主、送货责任车辆和人员等）。提高物流运输服务的方法具体就是物流运输企业的工作人员在进行物流作业时，利用扫描仪自动读取货物包装或发标上的物流条形码得到货物信息，通过计算机通信网络把货物的信息传送到总部的中心计算机进行汇总整理，这样所有被运送的货物的物流全过程的各种信息都集中在中心计算机里，可以随时查询货物的位置及状态。

货物跟踪的工作过程：货物被装车发出后，当运输车辆上装载的 GPS 接收机在接收到 GPS 卫星定位数据后，自动计算出自身所处的地理位置的坐标，由 GPS 传输设备将计算出来的位置坐标数据经移动通信系统（简称 GSM）发送到 GSM 公用数字移动通信网，移动通信网再将数据传送到基地指挥中心，基地指挥中心将收到的坐标数据及其他数据还原后，与 GIS 系统的电子地图相匹配，并在电子地图上直观地显示车辆实时位置的准确坐标，在电子地图上出现意外事件时进行种种必要的遥控操作。

四、电子数据交换技术在供应链管理中的应用

根据联合国标准化组织的定义,电子数据交换(Electronic Data Interchange,简称EDI)技术是指将商业或行政事务处理按照一个公认的标准,形成结构化的事务处理或报文数据格式,从计算机到计算机的电子传输方法。

电子数据交换技术自问世以来,因其技术先进,可大大减少贸易文件及文件处理成本,因而受到世界各国普遍重视,发展迅速。现在,EDI用户根据国际通用的标准格式编制电文,以机器可读的方式将结构化的信息(如发票、海关申报单、进出口许可证等经济信息)按照协议经过通信网络传送。报文接收方按国际统一规定的语法规则对报文进行处理,通过相应的管理信息系统,完成综合的自动交换和处理。EDI遵循一定的国际标准或行业规则,自动地进行数据发送、传输及处理,从而实现事务处理或贸易自动化。

EDI是供应链管理的主要信息手段,同时也是一种在伙伴企业间交互信息的有效技术手段,它是在供应链中连接各节点企业的商业应用系统的媒介。EDI的使用能够提高企业内部的生产效率,降低运作成本,改善渠道关系,使信息交换更为及时、准确、有效,提高对客户的响应,提高企业的国际竞争力。

第二节 供应链管理软件的构成与发展趋势

供应链管理软件围绕核心企业,通过对信息流、物流、资金流的控制,实现从采购原材料开始,制成中间产品以及最终产品,最后由销售网络把产品送到消费者手中的全过程物流集成与控制。

一、供应链管理软件的构成与优势

(一)供应链管理软件的构成

目前所说的供应链管理软件是按照过程观进行供应链组织间的计划

并安排进度表和供应链计划的执行与控制,着重于整个供应链和供应网络的优化以及整个供应链计划的实现。供应链管理软件供应商提供的套件包括了从订单输入到产品交付等并行于制造业务流程的全部业务过程,其中包括预测、供应和生产计划、需求和分销管理、运输计划以及各种形式的业务职能。

SCM系统是一款企业管理应用软件,能够帮助企业实现整个业务运作的全面自动化,SCM系统全称为Supply Chain Management,即供应链管理系统。SCM软件一般由五个主要的模块组成:需求计划、生产计划和排序、分销计划、运输计划和企业(供应链)分析。

1.需求计划模块

该模块用统计工具、因果要素和层次分析等手段进行更为精确的预测,用包括Internet和协同引擎在内的通信技术帮助生成企业间的最新和实时的协作预测。

2.生产计划和排序模块

该模块分析企业内部和供应商生产设施的物料和能力的约束,编制满足物料和能力约束的生产进度计划,并且还可以按照给定条件进行优化。

3.分销计划模块

该模块帮助管理分销中心并保证产品可订货、可盈利、能力可用。分销计划帮助企业分析原始信息,然后企业能够确定如何优化分销成本或者根据生产能力和成本提高客户服务水平。

4.运输计划模块

该模块帮助确定将产品送达客户的最好途径。运输计划模型的目标是短期的和战术的。运输计划模块对交付进行成组处理并充分利用运输能力。

5.企业或供应链分析

该模块一般是整个企业或供应链的图示模型,帮助企业从战略功能上对工厂和销售中心进行调整。有可能对贯穿整个供应链的一个或多个产品进行分析,注意和发掘到问题的症结。

（二）SCM 软件的优势

1.管理范围

SCM 能够满足供应链横向一体化运作的要求,在考虑了资源约束、优化和决策的技术支持下,有效利用和整合外部资源。

2.理论模型和方法

SCM 采用了多种数学解析的优化模型和规则,是基于约束理论进行计划的,它考虑了物料、设备、人员、场所、时间和技术等所有的约束因素,对不同的目标通过不同的规则进行优化。

3.编制计划

SCM 扩大了计划范围,通过不同的规则对不同业务进行计划,并可对单一目标和多目标进行优化的计划;而且,SCM 的计划是并发的,其计划时段是连续的,它综合、完整地考虑了约束问题,生成的提前期是弹性的,可以对供应链和企业的各项业务进行计划,一次性地考虑业务流程的纵向和横向的协调,无须一个个地依次制订计划。另外 SCM 的计划涵盖了所有的业务,计划模型可以做得足够详细,涵盖了长、中、短周期,可以实现倒排、顺排和中间排,其精细程度可从年、月、周一直到天、小时和分钟。SCM 还能够随时根据生产和客户需求的变化进行重排计划,量化地反映甚至超前于市场的需求,例如变化的资源和约束,用户的优先权等。

SCM 还可以实现一个可持续转变的流程,使重排计划能够对每一次意外变化随时进行处理。而 ERP 有时按天做计划都很困难,更无法精确到小时和分钟,也很难做到快速地重排计划。最后,在生成计划后,SCM 可以根据"评价计划成本"标准来评价计划成本,并与企业的财务指标进行对比和衡量,进一步核实其可行性。

4.业务管理

SCM 在业务管理上具有更好、更多的功能。

第一,SCM 具有极强的实时承诺性,它的承诺标准能为客户提供准确的交货日期。SCM 在 ATP 的基础上,还通过对需求承诺能力和对订单承诺能力的检查、扩展的生产可用性检查和对获利能力的检查等功能,对客户作出准确的交货承诺,并在商谈订单的第一时间就能确定该订单是否能够获利。

第二,SCM能对供应链上的资源进行优化调配,将供应链上的某种稀缺资源预先分派给具有优先级别的客户或渠道。

第三,SCM的计划范围扩展到企业之外,能生成跨企业的协同计划,实时了解合作伙伴的业务变化情况,及时重排计划,保持高度的灵活性和预见性,以快速响应市场需求。

第四,SCM可以动态计算提前期。

第五,SCM可以对供应链的需求、供给和约束进行监控,实时地将这三者进行比较,一旦出现不匹配时立刻发出预警信号,并执行智能的逻辑操作使它们重新恢复平衡,重新达到同步。

二、供应链管理软件的发展趋势

供应链管理不但包括初期对企业销、产、存、进全过程的协同和优化,更从客户扩展到制造商和所有供应商以及客户的客户、供应商的供应商;从供应伙伴扩展到产品设计、外包、服务维护等合作伙伴;从简单的供应链扩展到复杂的全球合作伙伴网络,伴随着这些发展,供应链管理软件也将有以下发展趋势。

(一)集成化

随着运营的整合和实时的供应链反应要求,越来越多的企业要求系统的整合和无缝集成,以加快供应链信息的处理;同时与企业资源计划(ERP)、客户关系管理(CRM)、企业设备管理(EAM)、产品数据管理(PDM)等应用系统的无缝集成是很多软件正在努力的方向。

(二)协同优化

协同和优化不只是传统的产供销资源,而且是所有的合作伙伴,如客户、供应商、外包制造厂、研发中心、客服与维护、财务中心等。它强调整个合作网络的协同和资源优化,企业之间的协同需要有相互理解的商业模式、业务流程、数据和系统。

（三）标准化

随着物流标准化的推广日益被人们关注，一些标准化技术在供应链管理软件中的应用成了供应链管理软件发展的另一趋势。

（四）功能模块的发展

1.综合性计划程序设施的出现

许多供应商现在正通过整合供应链计划过程的不同功能性领域来扩大其产品组合，供应链整套设施将供应商计划、生产计划、后勤计划和需求计划综合起来。这些解决方法为供应链活动提供了全新的观点，使上层管理者更好、更快地作出决定。

2.商务功能性的增加

供应链软件很快就会使操作性活动和其他商务功能配合起来，比如，金融管理、产品周期管理和员工管理，供应链管理供应商将致力于整合管理商务的分析性过程。因为其他商务功能被压缩进了供应链程序中，所以这些功能性领域的管理者最后就成了软件的直接使用者。例如，产品组合的利润性分析可以与需求计划相结合来决定哪个产品要进行市场营销。

3.战略性计划整合

这些应用程序可以帮助上层管理者作出有关追加投资的决定，如仓库和生产厂家。战略性计划也为进行投资的方向提供了指导。

4.企业间协作的出现

协作需要将以前分别处理的商务过程进行共同处理。例如，生产厂家和零售商也许会共同对每一个产品种类进行预测，得到最佳的结果。供应商和生产厂家可以合作开发一个新产品。实际上，供应链管理源于交易伙伴与扩展的合作伙伴共同协作达到竞争性优势。协作主要是通过电话、传真、电子邮件和 EDI 网络来实现的。但是软件程序供应商正在开发复杂的技术来支持协作网络，可以在扩展交易伙伴中进行同步处理。互联网就是达到这种协作水平的主要工具。

第九章

供应链管理创新的发展趋势

第一节　供应链管理趋于信息化

供应链管理信息化已经成为现代企业供应链管理的发展趋势及核心要素,这与现代企业经营环境的变化紧密相关,只有实现确定商品的导入、管理和促销,才能在强化企业竞争力的同时提高竞争的绩效,这种确定性就是要精确地把握消费者可能随时变换的需求,从而在最短的时间内、最快地将商品输送到特定的顾客手中,进而实行针对性的促销,即投入与产出必须非常明确和匹配。

一、供应链管理信息化的本质

供应链管理信息化是指供应链的各节点企业在作业、管理、经营等各个层次、各个环节和各个领域的合作中采用计算机、通信和网络等现代信息技术,充分开发、广泛利用企业间的信息资源,实现信息共享的过程。在实现供应链管理信息化的过程中,各节点企业要不断进行自我改造,利用以计算机、通信和网络为核心的现代信息技术,对企业的各个层面进行有效整合,提高企业运行和资源利用的效率,特别是对信息资源的深度开发和广泛利用,进而提高企业自身的核心竞争力,实现节点企业的信息化。信息系统的建设并不仅仅是硬件的建设,而是整个企业业务流程的重组。每一次信息系统的革命带来的是企业运作方式的转变,而不仅仅是为经营管理决策提供参考和信息支持。因此,如何在强化信息系统建设的同时改变企业运作的方式,是所有企业在信息化建设时应当考虑的关键性要素。想要实现物流供应链管理的高绩效,就要以信息系统为支点,将现代管理观念和业务流程的重组结合起来,才能产生飞跃性的绩效提升。作为一个不断追求发展的企业,信息化的发展并不仅仅是一时的,而是一个永久的课题,其中的动机如何根据市场的变化和发展,不断利用现代化的手段来有效、彻底地实现业务革新。

供应链管理使供应商、制造商、分销商、客户多方受益,合作对供应链进步的贡献很大,合作性计划可使库存减少,合作性预测准确性得到了提高,从而减少开支,节约运输成本。供应链管理信息化的实质就是在供应链中充分实现信息的共享,从而加强节点企业的合作,更好地为顾客服务,满足顾客的需求,从而充分实现以下几方面的转变。

第一,从功能管理向过程管理转变。企业内部以及企业外部供应链上、下游各个合作伙伴通过信息的共享实现其业务活动的转变。

第二,从利润管理向盈利性管理转变。盈利性建立在"共赢"基础上,只有通过信息化的供应链管理实现供应链各方盈利,才能使企业自身的盈利性得到保证。

第三,从产品管理向顾客管理转变。顾客是供应链上重要的一环,供应链的中心由生产者向消费者倾斜,顾客管理成为供应链管理的重要内容。

第四,从交易管理向关系管理转变。由于信息的共享,供应链中各节点企业以协调的供应链关系为基础进行交易,供应链整体交易成本实现最小化,而收益最大化。

第五,从库存管理向信息管理转变。用信息代替库存,即企业持有的是"虚拟库存"而不是实物库存,在供应链的最后一个环节交付实物库存,大大降低企业持有库存的风险。

二、供应链管理信息的集成

在供应链管理模式下,为了及时响应用户的需求,要求各个成员企业能用一种更加主动、更加默契的方式进行合作,实现供应链的同步化运作。供应链的同步化运作是一个非常复杂的问题,为了保证供应链的同步化运作,供应链企业之间必须进行充分的、及时的信息交流。

为了实现供应链的同步化运作,要求供应链成员企业的信息系统连接起来,将成员企业内部的应用软件与外部客户和供应商的应用软件进行连接,实现信息及时地共享,从而达到实时快速的业务处理和决策。通过集成异种数据库系统、文件系统和业务应用系统提供透明的访问接口来实现信息共享的过程就是信息集成。

(一)信息集成对于供应链管理的意义

1.信息技术是实施供应链管理的保证

当今世界已经进入了以计算机和信息为特征的信息时代。在信息社会中,信息已经成为企业生存和发展的重要资源,为了在市场中获得更有利的竞争地位,企业必须重视信息在企业生产经营中的巨大作用。企业是一个多层次多系统的结构,信息是企业各系统和成员之间密切合作、协同工作的"黏合剂"。为了实现企业的目标,必须通过信息的不断传递,一方面进行纵向的上下级的信息传递,把不同层次的经济行为协调起来;另一方面进行横向的信息传递,把各部门各岗位的经济行为协调起来,通过信息技术处理人、财、物和产、供、销之间的复杂关系,这就涉及企业的信息集成问题。在一个由网络信息系统组成的信息社会里,企业通过网络从内外两个信息源中搜集和传播信息,捕捉最能创造价值的经营方式、方法和技术,创建网络化的企业运作模式。因此,研究供应链管理必须研究供应链的信息集成问题。

2.通过信息共享减小需求放大效应

减小需求放大效应的有效方法是在供应链内部共享客户的需求信息,即为供应链的每一个成员企业提供有关客户实际需求的全部信息。通过需求信息共享,供应链的每个成员企业都可以使用客户的实际需求数据来进行更加准确的预测。

3.通过信息集成改进生产计划和控制

在供应链管理模式下,制造商需要销售商随时提供产品的销售情况,经过统计分析,对未来的市场需求作出更加准确的预测,及时调整生产计划,提高对市场需求变化的响应速度。只有各成员企业之间以及企业内部各部门之间保持步调一致,供应链的同步化才能实现。

借助信息技术,成员企业可以使生产计划和实时的生产进度信息为合作伙伴所共享,改善生产的计划和控制。通过供应链合作伙伴的信息共享,供应链上游企业通过了解下游企业的生产进度情况实现准时供应。下游企业可以了解到上游企业的生产进度后适当调节生产计划。通过及时的共享最终用户需求、库存、生产计划、生产进度等信息,使供应链的各个环节紧密衔接在一起,从而保证供应链的整体利益。

4.通过信息集成实现准时采购

在供应链管理模式下,采购的目的是及时响应用户的需求,采购活动是以订单驱动的方式进行的。制造订单是在用户需求订单的拉动下产生的然后,制造订单拉动采购订单,采购订单再拉动供应商。在订单驱动的采购方式下,采购管理采用准时采购法。准时采购法的基本思想是在恰当的时间、恰当的地点,以恰当的数量和质量提供恰当的物品。

要实现准时采购,供需双方必须围绕订单进行同步运作,采购方式必须是并行的。当采购部门产生一个订单时,供应商就开始着手进行物资的准备工作,与此同时,采购部门编制详细的采购计划,制造部门也进行生产的准备工作,当采购部门把详细的采购订单提供给供应商时,供应商就能迅速地组织生产。当用户需求发生改变时,制造订单又驱动采购订单发生改变,这是一种快速的改变过程,这种准时化的订单驱动的方式简化了采购工作流程。采购部门的主要工作是沟通供应与制造部门之间的联系,协调采购和制造的关系,使供应链系统得以准时响应用户的需求,从而降低库存成本,提高物流的速度和库存周转率。

5.通过信息集成改进物流管理

要提供最佳的服务,物流系统必须要有良好的信息处理和传输系统。在供应链管理模式下,需求和供应信息是网络式传递的,企业通过电子商务可以很快掌握供应链上不同环节的供求信息。通过成员企业之间的信息集成,可以提高对物流的跟踪能力,使供应链的物流过程更加透明化,也为实时控制物流过程提供了条件。通过制造商和运输部门的实时交换信息,及时地把客户关于运输、包装和装卸等方面的要求反映给相关部门,提高了供应链成员企业对用户个性化需求的响应能力。

(二)信息集成的措施

实现供应链的同步化运作的关键是实现信息共享和加快成员企业之间信息传递和处理的速度,因此,供应链成员企业之间需要进行信息集成。

供应链的信息集成的方式有以下几种。

①信息消费者访问信息提供者的共享文件系统或者数据库系统,从中读取有关的信息。

②信息消费者接收信息提供者用电子邮件的方式发送的信息。

③信息消费者访问信息提供者用业务应用代理封装的业务应用系统,通过业务应用代理读取有关的数据。

④信息消费者接收信息提供者用电子商务文档的方式发送的信息,自动导入自己的业务应用系统中。

第二节　供应链管理趋于电子商务化

一、电子商务的含义与特点

(一)电子商务的含义

早期的电子商务被定义为利用电子化手段从事的商业活动;它基于电子处理和信息技术,如文本、声音和图像等数据传输;主要是遵循TCP/IP(网络的数据传输控制/计算机之间的通信)协议、通信传输标准、Web(万维网)信息交换标准,提供安全保密技术。综上所述,电子商务是以信息技术为基础的商务活动,它包括生产、流通、分配、交换和消费等环节中连接生产和消费的所有活动的电子信息化处理。现代电子商务是指任何在电子媒介上进行的商业活动,包括了电子购物、在线支付、电子市场、电子拍卖、电子租赁、电子谈判、电子供应管理等。现代电子商务可以被分为两种类型:B2B(企业到企业)和B2C(企业到消费者)。随着实践的推移,电子商务转移到了移动端,形成了 M—Commerce(移动商务)。具体地说,电子商务活动是指以下列方式所进行的交易或商务活动:第一,通过互联网进行的交易,如联机商店和网上直销;第二,通过互联网进行商务活动,如联机服务和网上广告等;第三,通过增值网络进行的电子交易和服务,如通过 EDI 进行采购和报关等;第四,通过连接企业或机构的计算机网络发生的交易和服务。

在电子商务环境下,当前的供应链系统正向信息化、一体化发展。通过电子商务的应用,供应链中的节点企业能更好地实现信息共享,加强供应链中的联系,使企业可以提高生产力,为产品提供更大的附加值。

供应链管理可以看作是电子商务的底层构件,它从最简单的上网发邮件开始,直到企业财务管理和复杂的产品排序,实际上供应链管理与客户关系管理(简称 CRM)共同形成电子商务用户核心业务的两大支柱。电子商务的运用对供应链管理的影响有以下几方面。

第一,"电子商务"为供应链管理开辟了一个崭新的世界,它全面采用电脑和网络支持企业及其客户之间的交易活动,包括产品销售、服务、支付等。

第二,电子商务帮助企业拓展市场,拉近企业与客户之间的距离。

第三,电子商务促进企业合作,建立企业与客户之间的业务流程的无缝集成,最终达到生产、采购、库存、销售以及财务和人力资源管理的全面集成,令物流、信息流、资金流发挥最大效能,把理想的供应链运作变为现实。

企业在供应链管理中可以运用电子邮件、电子会议、电子营销、EDI技术、销售点预测、财务技术手段、共享数据库等多种电子商务应用技术,来改善对供应、生产、库存、销售的管理与监控;与供应商分销商和客户建立更快、更方便、更精确的电子化联络方式;实现信息共享和管理决策支持;为将来实现端到端的供应链管理做好准备。

(二)电子商务的特点

电子商务源于多年前的专用增值网络和 EDI 的应用,在互联网的商业应用趋势推动下,电子商务得到迅速发展,而且表现出一些与互联网相关的特点。

1.信息化

电子商务是以信息技术为基础的商务活动,它的进行须通过计算机网络系统来实现信息交换和传输。计算机网络系统是融数字化技术、网络技术和软件技术于一体的综合系统。因此,电子商务的实施和发展是与信息技术发展密切相关的,而且,也正是信息技术发展推动了电子商务的发展。

2．虚拟性

互联网作为数字化的电子虚拟市场,它的商务活动和交易是数字化的。由于信息交换不受时空限制,因此,可以跨越时空形成虚拟市场,这正是电子商务得以迅速发展的根本所在。

3．全球性

作为电子商务的主要媒体,互联网是全球开放的。电子商务的开展不受地理位置限制,它面对的是全球性统一的电子虚拟市场。

4．社会性

虽然电子商务依托的是网络信息技术,但电子商务的发展和应用是社会性的系统工程,电子商务活动涉及企业、政府组织消费者的参与,以及适应电子虚拟市场的法律、法规和竞争规则的形成等。

二、电子商务与供应链管理概述

(一)B2B 电子商务与企业供应链管理基础知识

电子商务发展的真正突破是 B2B(Business-to-Business,企业与企业之间通过专用网络或 Internet 进行数据信息的交换、传递、开展交易活动的商业模式)的电子商务,B2B 模式的电子商务是在上下游企业之间从事的网络商务活动,是网络经济的基础。在这种环境下,企业不仅要协调企业内计划、采购、制造、销售等各个环节,还要与包括供应商、承销商等在内的上下游企业紧密配合。B2B 模式的电子商务面向企业整个供应链管理,并带来了供应链的变革,使企业降低交易成本、缩短订货周期、改善信息管理和提高决策水平,从质量、成本和响应速度三方面改进企业经营,增强企业竞争能力。

1. B2B 电子商务模式带来了企业价值链的变革

供应链这一概念是由波特的价值链理论发展而来。任何一个组织均可看作是由一系列相关的基本行为组成,这些行为对应于从供应商到消费者的物流、信息流和资金流的流动。

B2B 的电子商务模式采用了以顾客为中心、面向过程的管理方法,提高了对顾客、市场的响应速度,注重整个流程最优的系统思想,让资源在每一个过程中流动时都实现增值,以达到成本最低效率最高的目标,因此,B2B 带来了企业价值链的变革。

2. B2B 电子商务模式引起企业供应链的变革

B2B 的电子商务模式延伸到供应商和客户,甚至供应商和客户之间建立的是一种跨企业的协作,覆盖了从产品设计、需求预测、外协和外购、制造、分销储运和客户服务等全过程。

B2B 的电子商务模式带来了供应链管理的变革。它运用供应链管理思想整合企业的上下游的产业,以中心制造厂商为核心,将产业上游供应商、产业下游经销商、物流运输企业及服务商、零售商,以及往来银行进行垂直体化的整合,构成一个电子商务供应链网络,促进了供应链向动态的、虚拟的、全球网络化的方向发展。它运用供应链管理的核心技术——客户关系管理(简称 CRM),利用需求方自动作业来预计需求,以便更好地了解客户,给他们提供个性化的产品和服务;同时,促使资源在供应链网络上合理流动以缩短交货周期、降低库存,并且通过提供自助交易等自助式服务以降低成本,提高速度和精确性,提升企业竞争力。

3. B2B 电子商务模式促进了企业三个层次的流程再造

在企业供应链上,信息、物料、资金等要通过流程才能流动,流程决定了各种要素的流速和流量。为了使企业的流程能够预见并响应内外环境的变化,企业的流程必须保证资源的敏捷畅通。因此,要提高企业供应链管理的竞争力,必然要求企业流程的再造。B2B 电子商务模式的有效实施,关键是供应链在企业内外是否能有效衔接企业内部供应链的信息系统,是否与企业内部的业务系统如 ERP,CRM 等有机结合在一起,在此情况下,可以对企业进行三个层次的企业流程再造(简称 BPR),即职能机构内部的企业流程再造,职能机构部门之间的企业流程再造和企业与企业之间的企业流程再造。

4. B2B 电子商务模式实现了在整个产业乃至全球的供应链网络上的增值

在供应链上除资金流、物流、信息流外,根本的是要实现增值。各种资源在供应链上流动应是一个不断增值的过程。因此,供应链的本质是增值链。从形式上看,客户是在购买企业提供的商品或服务,但实质上是在购买商品或服务所带来的价值。供应链上每一环节增值与否、增值的大小都会成为影响企业竞争力的关键。因此,要增加企业竞争力,就要消除一切无效劳动,在供应链上每一个环节做到价值增值。B2B 的电子商务利用 ERP、电子商务套件和 CRM 等技术将上下游企业组成整个产业系统的供应链,并且与其他企业、产业的供应链相连接,组成了一个动态的虚拟的、全球网络化的供应链网络,真正做到了降低企业的采购成本和物流成本,在整个供应链网络的每一个过程中实现最合理的增值,并且最重要的是提高企业对市场和最终顾客需求的响应速度,从而提高企业的市场竞争力。

(二)供应链管理电子商务化的主要内容

供应链管理电子商务化的主要内容包含以下几个方面。

1. 订单处理

通过电子商务系统进行订单分析和订单状况管理。当收到客户订单时,核心企业要及时分析所需产品的性能要求,判断是否能达到订单中的技术指标,在能够达到要求的条件下进一步分析订单中产品的成本、数量和利润。如果能够从该订单中获利便可与客户签订订货合同。之后,查询现有库存,若库存中有客户需要的产品,便立即发货;否则应及时组织生产。借助电子商务进行订单处理,供应链可以急剧地减少订单成本,缩短订单的循环周期,大大提高营运效率。

2.生产组织

一般来说,生产组织是供应链中最难管理的环节,可利用电子商务并通过改善供应商、核心企业和客户之间的通信来有效地降低生产组织的管理难度。核心企业使用电子商务系统协调与供应商的准时供应程序,与多个供应商之间协调制订生产计划。此外,由于在订单处理中可以提供核心企业有关产品销售和服务的实时信息,这样,在一定程度上会使销售预测变得精确,从而又大大改善了生产组织管理。

3.采购管理

通过电子商务系统可以有效地实现与供应商的信息共享和信息的快速传递。一方面,通过互联网提供给供应商有关需求信息和商品退回情况,同时获得供应商的报价、商品目录、查询回执,从而形成稳定、高效的采购、供应体系;另一方面,通过网上采购招标等手段,集成采购招标和互联网优势,扩大采购资源选择范围,使采购工作合理化,有效降低采购成本,此外,也使核心企业与供应商之间的协商变得合理化。

4.配送与运输管理

通过电子商务系统可以实现对配送中心的发货进行监控,对货物运至仓库进行跟踪,同时实现对配货、补货、拣货和流通加工等作业管理,使配送的整个作业过程实现一体化的物流管理。此外,通过对运输资源、运输方式、运输线路的管理和优化,对运输任务进行有效的组织调度,降低运输成本,并实现对运输事项和货物的有效跟踪管理,确保指定的货物能够在指定的时间运送到指定的地点。

5.库存管理

通过电子商务系统,核心企业可以通知供应商有关订单的交送延迟或库存告急,使库存管理者和供应商追踪现场库存商品的存量情况,获得及时的信息,以便充分准备;实现对存储物资的有效管理,及时反映进销存动态,并且实现跨区域、多库区的管理,提高仓储资源的利用,进而促使库存水平降低,减少总的库存维持成本。

6.客户服务

应用电子商务系统,核心企业的客户通过互联网可以非常方便地联络有关服务问题,通知并要求解决所发生的任何服务问题;核心企业通过互联网接受客户投诉,向客户提供技术服务,互发紧急通知等。这样一来,可以大大缩短对客户服务的响应时间,改善与客户间的双向沟通,在保留住已有客户的同时,吸引更多的客户加入供应链中。

7.支付管理

通过电子商务系统可以实现与网上银行紧密相连,并用电子支付方式替代原来支票支付方式,用信用卡方式替代原来的现金支付方式,这样既可以大大降低结算费用,又可以加速货款回笼,提高资金使用效率。同时,利用安全电子交易协议,保证交易过程的安全。

(三)供应链管理电子商务化的优点

供应链管理的电子商务化是电子商务与供应链管理的有机结合,它以客户为中心,集成整个供应链过程,充分利用外部资源,实现快速敏捷反应。具体来说,它具有以下一些优势。

1.有利于保持现有的客户关系

电子商务使竞争从企业间的竞争逐渐演化为供应链之间的竞争。为吸引、保留现有客户,要求企业提供更快捷、成本更低的商务运作模式,保持发展与客户达成的密切关系,使供应链提供新的业务增值,提升客户的满意度与忠诚度,保留现有客户。而供应链管理的电子商务化直接沟通了供应链中企业与客户间的联系,并且在开放的公共网络上可以与最终消费者进行直接对话,从而有利于满足客户的各种需求,保留现有客户。

2.有利于保持现有业务增长

供应链管理的电子商务化,可以实现供应链系统内的各相关企业对产品和业务进行电子化、网络化的管理。同时,供应链中各企业通过电子商务手段实现有组织、有计划的统一管理,减少流通环节、降低成本、提高效率,使供应链管理达到更高的水平,与国外先进企业供应链绩效看齐,促进各相关企业的业务发展。

3.有利于开拓新的客户和新的业务

供应链管理的电子商务化不仅可以实现企业的业务重组,提高整个供应链效率,保留现有客户,而且由于能够提供更多的功能、业务,必然会吸引新的客户加入供应链,同时也带来新的业务。从本质上讲,供应链管理的电子商务化,无论是企业还是客户,都会从中获利,产生新的业务增值,降低成本、实现双赢目标。

4.有利于提高企业运营绩效

供应链管理的电子商务化不仅能使供应链各个企业降低生产成本,缩短需求响应时间和市场变化时间,还能为客户提供全面服务,使客户能够获得最好品质的产品和服务,同时实现最大增值,而且能为供应链中各个企业提供完整的电子商务交易服务,实现全球市场和企业资源共享,及时供应和递送订货给客户,不断降低运营和采购成本,提高运营绩效。

5.有利于分享所需的信息

供应链管理的电子商务化交易涉及信息、产品和资金等诸多要素。供应链中的企业借助电子商务手段可以在互联网上实现部分或全部的供应链交易,从而有利于各企业掌握跨越整个供应链的各种有用信息,及时了解客户的需求以及供应商的供货情况,同时也便于让客户网上订货并跟踪订货情况。

第十章

互联网＋背景下供应链管理的可持续发展与创新探究

第一节　互联网＋背景下供应链管理的可持续发展与挑战

随着供应链管理涵盖的内容越来越多,物流和供应链管理人员需要掌握的知识和技能也越来越多,供应链在企业竞争中扮演的角色日趋重要。

一、互联网＋背景下的供应链管理的可持续发展探究

随着供应链专业人员职责范围的演进,这一职责范围在企业长远的可持续发展中起到更为重要的作用。在供应链管理中,环境管理主要包括企业对环境的管理和控制,旨在减少或消除环境污染和生态破坏,降低企业与环境之间的环境风险。环境管理可以统筹企业的经济效益、社会效益以及环境效益,实现企业可持续发展。

供应链管理与环境可持续发展既相辅相成又相互促进,首先,供应链管理对环境可持续发展具有重要意义。其次,环境可持续发展对供应链管理提出了更高的要求。同时,供应链管理与环境可持续发展的结合也带来了一系列机遇和挑战。而供应链管理与经济增长之间也具有密不可分的关系。一方面,供应链管理可以提高企业的市场占有率和利润率,进而促进企业的扩张和发展;另一方面,供应链管理的高效运作也能够促进整个经济的发展,推动产业升级和经济结构优化。教育是供应链管理的重点之一,为了满足不断增长的教育需求,高效的供应链管理是教育行业发展的关键,优化供应链管理将有助于提高教育资源的利用率,实现教育成本的最小化,而教育资源的特殊性也决定了供应链管理需要更高的灵活性和适应性。

(一)环境

不同企业,即使是处在同一行业中的企业,对可持续发展环境维度的

投入程度也不同。有的供应链企业在企业价值观、战略、结构和业务流程中均强调环境可持续发展。同时,由于企业在环境方面投入水平不同,产生了三种类型的企业:①积极型绿色市场主体(在自由市场体系中追求可持续发展);②传统型消费者主体(多受消费者环境以及企业产品或声誉的影响);③反应型绿色市场主体(在政府和法规管制框架下追求可持续发展),在过去的几年中,许多企业作出的环境可持续发展决策主要是从服从性反应角度出发的。目前,越来越多的企业相信,在特定的情况下,可以通过采用环境可持续发展惯例来增加企业的利润。这些环保相关的观点包括保护、减少使用以及优秀的商业管理惯例等。

1. 保护

企业的环境保护聚焦于分析、寻找更好的方式进行管理,并尽可能减少对能源、水资源以及其他自然资源的依赖。从供应链的角度来看,有效的资源保护和管理涉及多个供应链职能。从采购的角度来看,有很多机会可以通过使用替代品或资源重新配置减少最终产品设计及制造过程本身消耗的稀缺资源量。与此类似,运作流程可以开发更绿色环保的产品设计,或者减少与产品处理相关的废弃物。此外,由于存在大量的化石燃料消耗、污染排放、噪声以及交通拥堵,物流和运输被视为对可持续发展最大的环境障碍,在城市尤其如此。与此同时,通过对城市地区的消费提供强健的支持,城市物流对财富创造至关重要。

2. 减少使用

减少使用涉及减少废弃物、增加循环利用、减少温室气体排放以及产品使用终止管理等。通过精益生产流程减少制造中的废弃物,这是企业最常见的、正在实施的战略。此外,企业还可以减少生产过程中不必要的副产品。

3. 商业管理惯例

企业可以在不同的业务流程中采用更有效的商业管理惯例。例如,更积极的内部设计、与供应链伙伴更为密切的合作都可以减少原材料消耗,减少与延长产品寿命或改善产品包装(如使用可回收的包装盒)相关的废弃物。这样的活动被称为"环保采购"或"采购中的社会责任"。与此类似,通过供应链设计以及与供应商、客户的协作可以选择更有利于环境保护的厂址,也可以对制造或物流运作进行外包,从而减少企业的环境"足迹"。

(二)教育

教育可持续性的目标是要保证现有职工得到恰当的培训,并且要培养能在未来取代现行成员的新劳动力。这样的举措也可以分为三个类别:员工关系、人才培养和商业管理惯例。

1.员工关系

员工关系可持续性最明显的维度之一是工作环境的安全。越来越多的企业在非财务企业年限中对员工健康、安全风险以及相关数据进行报告。员工关系还包括与员工生活质量相关的较为广泛的问题,如工作生活平衡、明确鼓励采取健康的生活方式等。

2.人才培养

企业人力资源的能力及灵敏度是企业可持续发展最关键的要求之一。人才培养包括企业培养员工的能力,促使员工具有长时间持续提供企业服务或产品的基本技能及经验。企业应该在人力资源招聘过程中嵌入恰当的可持续发展目标,保证员工除了技术技能之外,还具有"软技能",能够持续保证企业在全球各运营地区满足管理要求和劳动力要求。除了必要的员工技能和能力之外,人才培养还包括推行人员多元化、实施无歧视的人员融合惯例。随着提供产品或服务的企业拓展其供应链和客户群体,这种多元化对理解市场和文化、在销售产品和服务的世界各地雇用到了解情况的员工、理解企业提供服务的不同市场十分关键。

3.商业管理惯例

企业内部要有能够支持全球供应链和客户应对流程的专业人才,这一点至关重要。同样重要的一点是,要把这种专业知识和洞察力推广到重要的供应链伙伴企业中。具体而言,其关键在于实施可行的供应商培训计划,促使供应商理解企业可持续发展以及相关的合作伙伴期望。

(三)经济

经济维度的可持续发展是通过持续努力减少与企业业务运作相关的

总供应量成本,这一点要与其他推动企业投资的战略性可持续发展举措平衡。可持续发展与企业社会责任的核心差异之一在于把经济因素纳入可持续发展投资的决策中。经济维度可分为内部管理与外部管理。

1.内部管理

经济可持续性的内部管理关注战略外包、持续改善业绩、运作中的精益生产途径、运输优化等方面。内部管理的焦点是有效地识别、评估内部职能或流程上的权衡,并进行可操作化处理。诸多的可持续发展因素意味着有多种多样的权衡需要考虑。

2.外部管理

与经济可持续性相关的外部管理举措包括供应商管理和市场创造。外部管理拓展了内部管理的各种可能因素,通过考虑流程或业务外包减少总成本,提高企业的可持续发展能力。

二、供应链管理可持续发展的挑战

(一)供应链人才管理

发展并储备供应链专业人才是全球供应链管理者面临的主要问题之一。没有当前必需的人才智库以及未来的人才储备,供应链的竞争力将难以持续。其中,有两类人才对供应链的持续发展特别重要。第一类是跨职能部门的专业人才。这些专业人才懂得如何对自身的供应链模块知识进行系统的扩充和巩固,包括客户服务、物流、制造和采购等模块的知识。第二类是能够广泛而深入地了解全球需求和各国形势的专业人才。当然,单独一个人不可能掌握所有这些知识,企业需要打造涵盖各类所需人才的智囊团。

供应链人才管理最重要的一点是,既要具备供应链多个部门的管理经验,又要有领导或指导设计、实施、管理跨职能供应链解决方案的能力。有的解决方案可能仅限于企业内部,但一般大部分方案涉及企业的外部因素,包括多方供应商和客户等。

供应链高层管理人员负责评估并协调各个供应链职能、企业其他相关职能部门和外部组织。为了评估相关指标,管理人员既要具备不同部门的知识，又要对跨职能整合和跨组织协作有深刻的理解。例如，供应链管理人员的责任之一是在客户服务水平与供应链总成本之间作出权衡取舍。要成功做到这一点，管理人员就要考虑采购、制造、物流和客户服务各个模块，综合制订供应链计划，管理供应链运作，衡量供应链绩效。管理者需要评估的内容包括产品、服务、解决方案以及各类相关信息。为了实现最佳权衡，管理者还要考虑与顾客、供应商以及其他供应链利益相关者(如销售部门和营销部门)的协同运作。

除了以上职责外，发展并完善一体化供应链综合解决方案也是高层管理者相当重要的职责。为了企业的发展，管理者应该从更广阔的商业背景视角出发，考虑改革、端对端等供应链解决方案。

供应链人才管理的工作还包括向企业的合作伙伴传授供应链设计和运作方面的知识经验。这时，同事和领导应该把供应链人才当作供应链顾问来对待。这些专业人才将供应链管理的原则和方法运用到其他部门，有助于从企业架构层次解决更复杂的问题。这些专业人才能够对企业的整体运营表现进行分析，进而帮助企业保持稳定的竞争力。

供应链管理人员必须具备的知识和技能。管理人员知识和技能的提高不仅能够提升供应链绩效，也能够改善企业业绩。供应链管理者应该努力掌握跨职能部门的管理技巧，与企业的整体商业策略进行整合，并与企业的总体战略保持一致。在一体化管理中，对供应链人才传统的技术、角色和责任往往要进行重新定位。如今，供应链管理的复杂度和不确定性要求人们掌握多方面的技能，供应链技术的不断发展要求人们不断吸收新的知识。

供应链管理人员应该就供应链的各个主要职能构建包括专有职能和相关技术的知识框架，这些职能包括采购、运输、需求/供应计划、库存、制造、全球化运作以及客户订单履行。高层管理者最好在这些职能作业层次有实际的工作经验，这样才能深刻地理解各职能部门的日常运作流程、运作问题以及其他事项。

随着供应链发展对技术发展的依赖程度越来越高，真正的供应链管理专家必须具备成功应用信息系统的经验。也就是说他们最好能够有机会在供应链技术的选择、实施和应用方面有一定的实践经验,技术方面的另一个要点是,管理人员必须对供应链流程和供应链管理解决方案之间的关系有深刻的理解。

供应链高层管理人员必须掌握多种领导技巧。他们的主要责任是与企业内外部的管理者进行有效的沟通,对涉及客户、合作伙伴和竞争者的项目进行有效的管理。供应链高层管理人员还应该具备应对复杂商业环境的能力和经验,能对供应链的结构和资源进行有效的管理和整合。供应链高层管理人员还要有一定的沟通技巧、谈判技巧、解决问题的能力、团队领导能力和项目管理能力。

在如今的全球化供应链环境中,供应链高层管理者必须具备全球计划和全球运作经验,这样才能对供应链环境和面临的挑战提出深刻的见解。他们最好有一两次国外工作的经验,或者担任过全球计划部门和运作部门的职位。

(二)经验和信誉

供应链高层管理者只有具备充足的知识、广泛的涉猎范围以及必要的工作经验,才能正确地评估竞争环境、制订策略、提出并实施解决方案、应对组织内部和外部成员的变动。为了成为这样的管理人才,管理者在企业内部提升个人信誉、拓展自身经验的同时,也必须在企业外部努力保持良好的信誉。

如今的供应链高层管理的发展与过去有所不同。人力资源部门和供应链部门的合作越来越多,对未来人力资源的期望也发生了变化。由于组织结构趋于扁平化,供应链管理者需要掌握更多的整体商业技能,因此企业应该构建不同的培训体系。对于没有正式接受过供应链培训的员工,或者对于已获取供应链管理学历但需要扩展管理技巧的中层管理者来说,认证培训是很好的选择。另外,为了使储备管理人才跟上技术发展的步伐,应对当今行业环境的挑战,持续教育非常必要。因此,与教育机构建立战略合作关系有利于企业长期的发展。为了建立稳固的供应链组织,尤其是全球化供应链组织,企业必须解决两个难题:一是如何发现人才;二是如何培训储备人才以适应将来可能的需求。企业还要制订有效的人才补充计划,以维持并发展关键人才储备。在成功、竞争力强的供应链组织里,成员企业发现只针对技术知识和企业自身进行培训是远远不够的。如今,不同企业、不同区域之间的联系越来越多,科学技术的发展又非常迅速,因此供应链高层管理者必须具备应对全球经济变化的能力。同时,他们不仅要对相关领域的知识进行广泛涉猎,还要努力提高自身的领导力和沟通技巧,以增强竞争力,为将来做准备。

(三)燃油价格变化

柴油价格的变化一直是很多人每天关注的对象。由于燃料价格的波动会引起运输成本的变化,所以在决定供应链的网络布置和运输方案时必须对这一点着重考虑。

燃料价格的波动从两方面影响供应链的决策。首先,燃料价格的波动会极大地影响全球经济活力和经济动向。当柴油价格稳定时,企业考虑的是从什么地方获取原材料以及采用什么运输方式才能降低成本;当价格上涨幅度较大时,企业开始考虑在原材料地建厂以降低成本。随着燃料成本的增长,越来越多的国际货物运输从海运转为空运。供应链决策人员可能更倾向于在组件生产地和定制生产地就近选择供应商。其次,运输成本的增加可能引起国内物流网络的变动。环境规制的多个维度都会对供应链活动产生直接影响。

第二节　互联网＋背景下
供应链管理的创新策略

一、供应链转变为平台形态,节点企业深度协同合作

供应链物流是为了顺利实现与经济活动有关的物流,是以货物移动为核心,协调供应领域的生产、销售领域的客户服务以及运输领域的路径选择及仓储控制等活动。更重要的是,它包括与合作伙伴之间的协作,涉及供应商、中间商、第三方服务供应商和客户。

（一）供应链核心企业搭建平台,构成平台供应链系统

供应链上的核心企业通过搭建平台吸收多方知识资源、资金资源、创意资源、设计资源和渠道资源,将上下游的供需关系转变成利益相关者,为整个供应平台提供更好的解决方案。企业通过掌控某一核心能力,在利益共同体中吸引并组织大家在一个平台上共同创造价值。在这个平台上,每个企业都有自己独特的位置和竞争力,平台帮助企业成长,企业也为整个平台做出贡献。平台上参与的企业越多,价值就越大,用户需求越能得到满足,每个参与协作的企业从中获取的收益也越大。

（二）供应链节点企业深度合作,黏度增加

一个企业在市场上的成败不仅取决于自身的运营管理,还取决于其供应商及供应商的供应商,取决于与之合作的供应链上的其他节点企业。互联网通信技术提供了企业间深度合作的可能性,供应链核心企业通过信息共享、资金有偿援助,不仅能提升自身决策合理性及控制风险能力,而且能提高整条供应链的市场应变能力。互联网技术的应用使企业间合作更加密切,增强了供应链上节点企业黏度,知识共享与资源互补得以实现。

二、供应链信息流呈现即时网式传递模式

供应链信息流是指整个供应链上信息的流动,它伴随着物流运作而不断产生。信息快速即时流动,为节点企业决策提供依据,形成统一协调的计划、库存、运输与生产。

（一）平台上信息流即时传递

供应链信息的主要内容包括需求信息和供应信息。在互联网平台供应链模式下信息链式传递转变成网式传递。节点企业在平台上共享信息,同时可以在第一时间了解客户需求及对产品与服务的反馈,共同为产品与服务改进做出各自贡献。不仅供应链上的企业,客户也可以获取其他客户的消费信息,为自己的消费决策提供依据。

（二）信息精准传递

互联网为社会提供了海量数据,通过分析、整理、识别形成信息资源,

信息资源与传统行业融合能更加精准地定位目标用户，帮助企业实现有效广告投放及对点营销，实现个性化用户服务定制。

三、互联网＋供应链金融模式形成，资金流动提速

资金流管理是供应链管理的重要组成部分，资金流动速度决定了一条供应链的获利能力。

(一)供应链上资金流提速流动

互联网促使供、产、销供应链缩短，供应链上的资金支付可在线完成，特别是通过第三方支付平台能够减少呆账坏账发生比例。即时化采购、生产、销售和仓储能够减少资金占用，使公司运营资金流动速度提升、流动周期缩短，资金使用效率大大提高。互联网思维在零售业的应用提高了供应链上的资金流动速度与周转次数，资金使用更加高效。

(二)互联网＋供应链金融模式显现

互联网＋正在渗透到各个行业，催生出多种产业新形态，当前互联网＋供应链金融模式初现端倪，供应链金融是指银行改变过去为单独企业提供授信服务的状态，而围绕供应链核心企业，审核其与上下游企业的真实交易，用应收账款、仓储及在途货权为质押，为整条供应链提供金融服务。在互联网＋供应链金融模式中，资金的来源不局限于银行，可以跨越银行等金融机构直接从社会上募集。互联网培养出一大批实力雄厚的电商及为其提供服务的服务商，相应出现了多种互联网＋供应链金融模式。

第三节　互联网＋背景下
供应链管理的创新思考

一、将反馈回路应用于供应链

如何才能将自我调节式反馈回路的力量应用于供应链呢？这个问题的答案已经有了。随着企业联合使用通信网络相互开展业务，它们开始

自动收集那些有用数据：电子采购订单、订单状态、订单收据、发票和付款状态。定期跟踪客户服务、内部效率、需求柔性和产品开发这些领域的绩效已变得简单化。

平台上的企业要模糊它们之间的界限，形成无边界及开放协助模式，每个企业在贡献价值的同时与供应链平台一同成长。在员工管理方面，树立创新的价值观，鼓励员工突破惯性思维敢于成为"创客"。员工主动思考，提出创意，经过论证后自己整合吸收内外部资源将创意落实为创业。企业更关注供应链终端客户的个性化需求，借助互联网＋供应链平台，增加用户沟通、用户体验，让用户全程参与产品的设计、制造、物流等各个环节，使产品及服务真正满足客户需求。总之，企业要降低对产品优势、生产优势和市场优势的关注，要更加注重培养内外协同合作能力、成员创新能力及沟通能力，在链接、共创、分享、共赢的模式下形成新的核心竞争力。

二、保证信息流持续流动

为使信息在供应链平台上流动得更加通畅，节点企业应该实施电子数据交换（EDD），通过终端智能设备嵌入感知模块及人工收集数据，并将其传递，实现物与物、人与人、物与人的连接，数据应来自整个供应链运营全过程各环节，经过云计算、大数据处理形成信息资源，为企业决策提供依据。

平台上的企业共享信息资源，实现信息对称，在整个供应链上协同生产计划、销售预测、库存管理、物流运输，最终共享智能化供应链平台。为实现供应链信息流的持续流动，合作企业应努力将各自信息源源不断地输送到平台上，保证信息的时效性。同时，重新审视企业内部工作流程，对流程进行重新调整，以适应节点企业数据对接。信息流在供应链上流动时，还需要保证信息的安全可靠，节点企业在签订保密协议的基础上，要积极采取主动预防措施。

三、创新供应链金融服务模式，进一步提高资金流动速度

资金流动贯穿于整条供应链，从而实现企业再生产。随着社会进入互联网时代，互联网＋供应链金融模式应运而生。作为供应链中金融服务商的银行，其服务模式的创新是其生存与发展的根本。银行应该积极主动地开展供应链金融服务，将金融服务渗透到供应链各个节点企业中去。具体来讲，要实现银行与供应链中节点企业 ERP（Enterise Resource Planning，企业资源计划）系统的对接，与物流服务商控制系统的对接、与B2B 交易系统的对接，从各个系统中收集整理信息，对整个供应链及链中的成员企业交易真实性加以甄别，从交易周期评判节点企业尤其是供应链上下游的中小微企业的个性化需求，为其提供差异化服务。银行还应该转变思维模式，将新型互联网金融平台由竞争对手转变为战略合作伙伴，合作研发、提供创新型服务，为供应链体系提供便捷、全面、灵活的金融服务。供应链中的核心企业要扩宽其盈利模式，认清供应链金融是新的利润增长点，充分利用其对上下游企业物流、资金流、商流等交易完整信息的掌握，同时具备较高的银行授信额度优势，满足上下游企业对资金的需要，提升整条供应链活力，优化效益和利润的绩效目标，并以此来奖励它们为实现目标付出的努力。

绩效目标既可以由一个占主导地位的企业设定，也可以由企业集群彼此协商来设定。重要的是供应链的各参与方要相信目标是可以实现的，而且当目标实现时，会获得奖励，获得奖励的渴望会成为应用自我调节式反馈回路的动力。

在一个目的为实现绩效目标的游戏或博弈中，当人们的相互合作关系形成时，反馈回路也就形成了。如果供应链中的企业和人员能实时地获得所需要的数据，他们就会向目标迈进。

四、进行产业链大数据的服务创新

产业链大数据主要来自互联网 Web 系统、信息物理系统（CPS）、管理信息系统（MIS）和科学实验系统四大类综合数据集合。目前，关注单

一系统或行业的数据挖掘无法揭示各产业与经济社会之间的关系，也难以为企业个体提供针对性分析和预警结果。以下问题亟须解决。第一，商业数据的安全与定价。基于安全的数据交互和共享策略，统筹数据拥有方、数据许可方、数据审计方、数据分析方与数据分红方之间的关系。第二，智能化数据融合和自动化学习机制。提升跨学科、跨领域的大数据技术，进行应用模式研究。第三，开源平台级 SDK 及其软件。以产业链特性为基础，在平台级 SDK 及其软件方面取得突破，拓展开源的大数据生态环境，促进其广泛应用和行业创新发展。第四，可视化交互引擎。通过形式化的描述为非专业人员提供个性化、智能化和互动化的信息服务。第五，创新产业链大数据服务环节。在以智能应用为核心的互联网＋环境下，充分发挥物联网和互联网在产业链大数据配置中的优化与集成作用。

（一）商业数据安全与定价

1.商业大数据的基本权利

基于产业链大数据海量数据、多模异构、领域交叉、产业融合等特点，提出产业大数据的五大基本权利。第一，数据拥有权。产业链大数据来源包括国家权威统计部门和企业管理信息系统的数据，也包括生产制造业中产生的物联网非结构化数据，拥有权可以发生变更、继承、交割等，需要严格明确数据拥有者的权利。第二，数据隐私权。当数据需要共享、租售、交付第三方分析时，需要通过技术与法律的手段保护个人隐私和商业机密。第三，数据许可权。通过一定的访问控制模型决定数据的共享程度和访问者的访问权力。第四，数据审批权。通过形式化的语言让非专业的管理和法务人员能够定义数据的法律条款，并动态追踪审计数据的使用情况。第五，数据分红权。数据拥有者根据数据稀缺性、价值密度、历史价格、使用效用等享受分红或等价信息服务。

2.产业链大数据安全

（1）系统运维安全

通过基于虚拟化的云数据中心提供系统性的安全解决方案，以安全虚拟器件代替原有硬件设备的产品交付方式,确保物理、虚拟及云环境中服务器的应用程序和数据安全,为云和虚拟化环境提供主动防御、自动安全保护,将传统数据中心的安全策略扩展到云计算平台上。

(2)数据自身安全

包括静态数据安全、动态数据安全和数据控制权。在物联网信息模型下,数据的产生具有自主关联能力、操作能力、隐私保护能力以及与大数据平台异构集成的能力等。要研究大数据平台中数据加密、基于 No-SQL、数据库的访问控制、动态审计、数据防跟踪、数据脱敏匿名化等技术。

(3)数据使用安全

当多源多模数据源发生交互时,在保护多方隐私的前提下完成可信计算环境下的多方安全计算。数据拥有方将大数据上传至第三方可信云平台,数据分析方利用数据访问权在云端对其进行挖掘分析,并最终提供基于隐私保护的结果。

(二)智能化数据融合与自动化学习

1.智能化数据融合

跨学科和跨领域交叉数据融合分析与应用将成为产业链大数据发展的趋势。基于垂直应用行业的 MPP(Massively Parallel Processing,大规模并行处理)架构数据库逐步与 Hadoop 生态系统融合使用,用 MPP 处理 PB 级别、高质量的结构化数据,同时提供丰富的 SQL(Structured Query Language,数据库语言)和事务支持能力,利用 Hadoop 实现半结构化、非结构化数据处理,同时满足结构化、半结构化和非结构化数据的处理需求。

2.自动化学习机制

产业链大数据平台除包含普通大数据平台的技术、硬件、软件、信息服务等方面外,最重要的是产业链端的全体接入。针对信息维度非常丰富的非结构化数据,混合不同专家领域模型,以自动化学习和数据挖掘机制代替预先定义好的复杂算法和主观假设,以增量训练的方式实现在线流式学习,反映最新的数据变化,通过自动的数据修复机制提高数据的可用性等,实现对多维数据的包容、对模型的快速更新,最终提高大数据的边际收益。

(三)创新产业链大数据服务环节

产业链大数据涉及数据采集、数据存储、数据处理、可视化分析、数据应用服务等各个方面,贯穿了数据整个生命周期,从互联网下的"数据驱动"转变为互联网＋下以"智能应用"为核心的业务内涵和商业模式是其发展的原动力。产业链大数据服务环节分为数据采集、数据整合、云平台、信息反馈、互联网＋服务五个环节。

1.数据采集

在信息化与工业化的高层次深度结合中、物联网大数据逐步成为产业链大数据的重要来源。针对不同行业、不同规范的流动性数据,传感器、采集器等物联网终端负责对数据进行实时采集、处理、传输,实现行业应用接口等功能,促进人与人、人与物、物与物、物与系统之间的交流融合。

2.数据整合

跨学科领域模型和开源技术接口是数据整合的关键。多源多模的产业链大数据与各行业相融合,从数据整合应用角度实现大数据在计算编程模型、编程接口、应用框架、实现框架和资源管理等多个层面的数据融合,跨学科、跨领域的新型概率和统计模型符合产业链中不同企业不同层次的多方面需求,能够拓宽大数据平台的商业服务模式和技术开发领域。

3.云平台

云端平台为产业链大数据提供了计算可扩展的基础设施。通过可扩展和按需服务的第三方云计算平台建立一系列适用于产业链分析的经济社会模型,通过决策问题描述、推理问题分析、参数模型分析等一系列技术将多种专家领域模型集成在平台中,形成快速反应、交互方便、即时处理的智能决策综合系统。

4.信息反馈

产业链大数据的实时处理将生产从智慧工厂模式转变为智能生产模式。通过物联网流动性数据的不断产生和反馈，针对产业链中可能临时出现的零部件故障、隐患、精细化个体需求，实现各行业跨区域、跨部门的集成和组合，更有效地配置各类资源，提高产业链的运行效率、安全水平和服务能力；对产业链各行业的管理、决策、规划、运营、服务以及主动安全防范提供更有效的支持；基于云计算分析为产业链和相关经济社会提供新的理念、处理模式和分析手段。

5.互联网＋服务

移动终端为大数据的使用提供了可视化交互通道。语音交互、触控交互、多媒体技术等多通道、多网络方式的信息交互整合，使面向广大中小微企业的个性化智能终端走进产业链的各个企业，促进产业链大数据与现代制造业、生产性服务业、商业、金融业等的融合创新，为产业智能化提供支持，增强经济发展动力，促进国民经济提质、增效、升级。

参考文献

[1]张启慧,孟庆永,杨妍.供应链管理[M].北京:机械工业出版社,
2021:8.

[2]申纲领.物流管理基础[M].北京:中国轻工业出版社,2021:1.

[3]王宁.物流工程学[M].北京:人民交通出版社,2021:5.

[4]宋之苓,孙红霞.配送中心规划与管理[M].北京:清华大学出版社,
2021:8.

[5]宋华.供应链金融(第3版)[M].北京:中国人民大学出版社,2021:2.

[6]沈易娟,杨凯,王艳艳.电子商务与现代物流[M].上海:上海交通大学
出版社,2020.

[7]田青.物流与供应链管理研究[M].北京:中国原子能出版社,2020:8.

[8]宋乐,刘明.物流与供应链管理研究[M].西安:西北工业大学出版社,
2020:9.

[9]董文汇.现代经济与财会信息化创新趋势[M].北京:中国金融出版
社,2020:2.

[10]陈洁.互联网+背景下先进制造业供应链金融创新路径研究[M].北
京:海洋出版社,2020:9.

[11]梁海红.乡村振兴战略下农产品供应链管理创新研究[M].北京:中
国原子能出版社,2020:5.

[12]刘志毅.AI与区块链智能[M].北京:人民邮电出版社,2020:2.

[13]唐方方,宋敏.区块链+金融科技案例分析[M].武汉:武汉大学出版
社,2020:6.

[14]刘伟华,刘希龙.服务供应链管理[M].北京:中国财富出版社,
2019:3.

[15]赵先德,王良,阮丽旸.高效协同供应链与商业模式创新[M].上海:复旦大学出版社,2019:1.

[16]周任重,姜洪,赵艳俐.供应链管理[M].北京:机械工业出版社,2019:8.

[17]刘胜春,李严锋.第三方物流[M].沈阳:东北财经大学出版社,2019:2.

[18]宾厚,王欢芳,邹筱.现代物流管理[M].北京:北京理工大学出版社,2019:9.

[19]刘宁波.产业互联网大变局[M].北京:新华出版社,2019:4.

[20]汪利虹.基于互联网+的物流客户服务研究[M].长春:吉林出版集团股份有限公司,2019:11.

[21]李晓明.电子商务案例分析(第三版)[M].北京:中国铁道出版社,2019:8.

[22]刘智慧.互联网+时代供应链与物流管理趋势研究[M].北京:新华出版社,2018:5.

[23]丁俊发.供应链产业突围中国供应链研究[M].北京:中国铁道出版社,2018:11.

[24]张喜才.物流产业链管理[M].北京:中国商业出版社,2018:10.

[25]冷凯君.互联网+背景下的供应链管理改革与创新研究[M].长春:东北师范大学出版社,2018:4.

[26]周启清,等.供应链金融理论与操作技术[M].北京:中国商务出版社,2018:1.

[27]温卫娟.行业物流管理研究[M].北京:中国财富出版社,2018:6.

[28]程琦.三产融合背景下生鲜产品安全供应体系研究[M].北京:科学技术文献出版社,2018:7.

[29]劳帼龄.新经济革命互联网时代的商业基因[M].上海:上海财经大学出版社,2018:2.

[30]丁耀飞,马英.无界零售第四次零售革命的战略与执行[M].北京:新华出版社,2018:10.